中国科学院院士、中国工程院院士是我国科学技术界、工程技术界的杰出代表，是国家的财富、人民的骄傲、民族的光荣。

摘自：习近平总书记在 2014 年 6 月 9 日两院院士大会上的讲话

戴金星

院士画传

戴金星　张延玲　洪　峰　等编

石油工业出版社

图书在版编目（CIP）数据

戴金星院士画传 / 戴金星等编 . —北京： 石油工
业出版社，2024.4
（石油院士系列丛书）
ISBN 978-7-5183-5871-7

Ⅰ . ①戴… Ⅱ . ①戴… Ⅲ . ①戴金星—传记—画册
Ⅳ . ① K826.16-64

中国国家版本馆 CIP 数据核字（2023）第 018244 号

出版发行：石油工业出版社
　　　　　（北京安定门外安华里2区1号楼　　100011）
　　　网　　址：http://www.petropub.com
　　　编辑部：（010）64523707　图书营销中心：（010）64523633
经　　销　全国新华书店
印　　刷　北京中石油彩色印刷有限责任公司

2024年4月第1版　2024年4月第1次印刷
889×1194毫米　开本：1/12　印张：13
字数：54 千字

定价：200 .00元

编写组

戴金星　张延玲　洪　峰
于　聪　倪云燕　黄士鹏
龚德瑜　秦胜飞

石油院士系列丛书

戴金星，天然气地质和地球化学家，中国共产党员，第九届全国政协委员。1935 年 3 月 19 日出生于浙江省瑞安县白门乡下川村，1961 年毕业于南京大学地质系大地构造专业。1995 年一次当选为中国科学院院士，2012 年当选为国际欧亚科学院院士。1961 年至今（除 1962—1972 年在江汉油田）在中国石油勘探开发研究院（前身为石油工业部北京石油科学研究院）从事天然气研究和勘探工作。

戴金星 1979 年提出"煤系是良好的工业性烃源岩""煤成烃的核心是以气为主、以油为辅"的煤成气理论，使中国指导天然气勘探理论从"油型气"的"一元论"转为"煤成气和油型气"的"二元论"。他在煤成烃模式、煤成气聚集域理论，各类天然气的鉴别、大中型气田富集规律及无机成因气研究上成果斐然。煤成气理论促使中国从贫气国跻身为世界第四产气大国。戴金星独著、以第一作者或主编出版专著 39 部，在国内外发表论文 317 篇。丰硕成果多次获得国家奖：以第一完成人获 1987 年、1997 年国家科技进步一等奖和 2010 年国家自然科学二等奖。2001 年获何梁何利基金科学与技术进步奖，2018 年获陈嘉庚科学奖（地球科学奖）；另外获省部级一等奖 4 次，二等奖 5 次。1983—1998 年先后担任国家天然气科技攻关项目部项目长（首席科学家）和副项目长。先后获国家"六五""七五"和"八五"科技攻关先进个人奖。由于在天然气研究和推动勘探上的突出贡献，被业内人士誉为"中国天然气之父"。

戴金星先后为国家科学技术奖、国家自然科学基金、陈嘉庚地球科学奖、何梁何利科学与技术进步奖的评委，国务院学位委员会第四届学科评议组成员。受聘为南京大学、浙江大学、中国科技大学、中国石油大学等高校的兼职教授，2003—2007 年被浙江大学聘任为地球科学系主任。担任《中国科学（地球科学）》《石油学报》《石油与天然气地质》《天然气工业》等期刊编委。2004 年至今任《石油勘探与开发》主编，2002 年至今任《天然气地球科学》主编。

戴金星先后去美国、德国、俄罗斯和中国台湾等 20 多个国家和地区的科学院、大学、油气研究所进行访问、学术交流、讲学、野外和油气田考察。

前言

　　华夏自古多英杰，丹心处处耀神州。习近平总书记高度评价两院院士是"国家的财富、人民的骄傲、民族的光荣"。两院院士是科学家的杰出代表，在 2020 年 9 月科学家座谈会上，总书记指出：科学家精神是科技工作者在长期科学实践中积累的宝贵精神财富。2019 年 5 月，党中央专门出台《关于进一步弘扬科学家精神加强作风和学风建设的意见》，要求大力弘扬胸怀祖国、服务人民的爱国精神，勇攀高峰、敢为人先的创新精神，追求真理、严谨治学的求实精神，淡泊名利、潜心研究的奉献精神，集智攻关、团结协作的协同精神，甘为人梯、奖掖后学的育人精神。

　　一部艰难创业史，无数精英谱华章。在我国油气工业发展历程中，群星荟萃，鸿儒辉映。中国石油勘探开发研究院培养造就了以 19 名中国科学院、中国工程院两院院士为代表的一大批国内外知名专家，打造了一支敬业奉献、开拓创新的科技人才队伍，为中国石油事业发展提供了不竭的智力支撑。他们为祖国油气工业发展做出了彪炳史册的重大贡献。本次出版画传的李德生、翟光明、郭尚平、戴金星、胡见义、邱中建、韩大匡、童晓光 8 位资深院士，是我国油气勘探开发领域杰出的科学家。他们胸怀深厚的爱国主义情怀，凭借精湛的学术造诣、宽广的科学视野，艰辛探索创新油气地质与开发理论技术，发挥科技引擎作用，推动重大油气发现与大油气田开发，充分展现了科学家精神和石油精神，谱写出一曲"我为祖国献石油"的豪迈壮歌。

人无精神不立，国无精神不强。科学成就离不开科学家精神支撑。弘扬科学家精神，做新时代追梦人，是新时代赋予我们的历史使命。编撰资深石油院士画传，是传承科学家精神的重要载体，也是尊重知识、尊重人才的重要体现，更是学习党史、中国革命史、新中国史、改革开放史和石油工业史的最直接抓手。中国石油勘探开发研究院组织编写出版资深院士画传，以丰富的照片、感人的故事、珍贵的历史画面，展现石油院士们科技报国科技献油的学术贡献、促进油气发展的主要成就、攻坚克难创新的理论技术、不懈追求奉献智慧的幸福人生。宁肯心血熬干，也要高产稳产，寄托科技梦想；无畏早生华发，引得油气欢唱，奏响盛世华章。每位资深院士的画传，精选了 300 幅左右照片，生动再现了他们青少年时期刻苦学习笃学致远、工作后科学报国星光闪耀、精心育人桃李满园、亲情友情岁月如歌、精彩人生大事记录等丰富内容。画传多角度、立体性、画卷式展示了院士们的高超学术造诣、卓越贡献、高尚品德和精彩生活。

奋进新时代，阔步新征程。站在"两个一百年"奋斗目标的历史交汇点，以习近平同志为核心的党中央，高瞻远瞩、运筹帷幄，把石油天然气等关键核心技术的全面攻坚摆在国家急迫需要和长远需求的首要位置，提出了建设世界科技强国、实现高水平科技自立自强的总要求。我们广大科技工作者要传承弘扬科学家精神，以与时俱进的精神、革故鼎新的勇气、坚韧不拔的定力，坚持"四个面向"，把握大势、抢占先机，直面问题、迎难而上，勤于创造、勇于奋斗，乘风破浪、开拓进取，肩负起时代赋予的重任，在新的伟大征程上书写新的奋斗史诗，为实现中华民族伟大复兴的中国梦贡献石油科技力量！

中国石油勘探开发研究院

2021 年 11 月

石油院士系列叢書

目录

戴金星，浙江温州人，1935 年出生于穷秀才之家。父亲戴子枫，榜名鸿仁，参加清末科举考试，光绪乙巳（1905）年县试第二名、府试第四名、院试第二十名。他一辈子在下川村小学任教师，地无一垄，过着"儿女时常啼冻馁，妻孥怨甚缺薪油"的生活，故新中国成立后农村划分阶级成分时，被评定为"贫农"。1944 年 9 月—1948 年 8 月，戴金星就读于瑞安县白门乡下川村小学。1948 年 9 月—1950 年 8 月，在温州第九小学（现瓦市小学）学习。戴金星在少年时期就表现出了对地质学的兴趣，小学五年级的时候，他制作的全国主要矿产分布图就得到了老师的赞扬，启发他走向地质科学之路。1950—1956 年就读于温州第二中学。怀着自小对地质学的喜爱，戴金星在 1956 年以第一志愿考入南京大学地质系，师从徐克勤、李学清、郭令智、肖楠森、张祖还、孙鼐和王德滋等著名地质学家。

　　1961 年，戴金星大学毕业后被分配到石油工业部北京石油科学研究院（现名为中国石油勘探开发研究院）工作，走上了一条"为国争气"的求索之路。

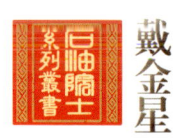

戴金星学生时期照片

1	2	5	
3	4	6	7

1. 1947 年 9 月，高小时期

2. 1953 年 7 月，初中毕业照

3. 1956 年 4 月，高中毕业照

4. 1961 年 4 月，南京大学毕业照

5. 1953 年 7 月，温州第二中学初三甲班共青团支部（左起：李文奎、陈希平、傅永龄、仇乐民、戴金星、洪锦芳、白翠华、李志安）

6. 1956 年 9 月 27 日，在南京大学北草坪留影

7. 1957 年 8 月，在杭州地质实习时小憩于西子湖畔

1

2 3

1. 1958 年，南京大学勤工俭学队在福建马拉松比赛后留影（前排左起：屠惠良、林宝钦、朱宝荷、李祖光、许天佑、李明元；后排左起：刘昌实、邱琦、刘士骒、赵新运、吴香尧、杨锡镛、戴金星、何才一、陶寿禹、周根法、富士谷、董仲洲）

2. 1960 年 10 月 2 日，在南京中山陵

3. 1961 年 7 月 25 日，在南京大学东南大楼作《宁镇山脉地层中缝合线构造》毕业论文报告

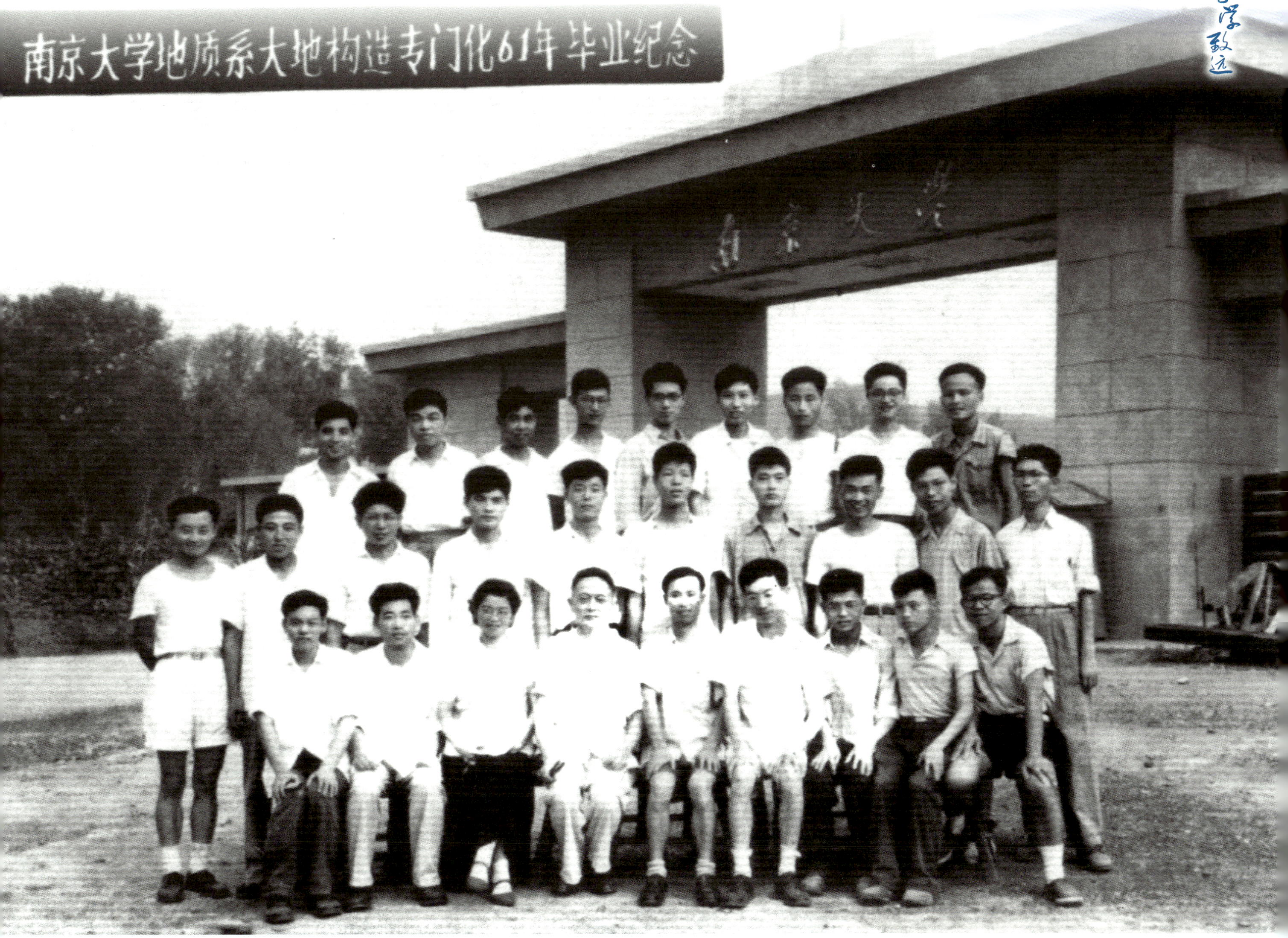

南京大学地质系大地构造专门化61年毕业纪念

4. 南京大学地质系大地构造专门化61年毕业同学和老师合影（前排左起：李祖光、叶和飞、戴洵书记、郭令智院士、俞建华教授、王德滋院士、邓国新、刘德良、徐旃章；中排左起：杨锡镛、汪良谋、李遵慎、俞云文、赵剑峰、邱琦、徐寿根、余洪宝、张镇海、戴金星；后排左起：谢瑞征、张健、许天佑、李平鲁、薄志宏、周伏洪、孙焕章、左国朝、林宝钦）

5. 1961年8月，戴金星南京大学毕业证

1

2

1. 1983 年 3 月，"中国煤成气的开发研究"国家重点科技攻关项目启动时，煤炭部煤成气课题组在淮南矿业学院举办煤成气学习班，戴金星主讲"煤成气地质概述"，参加讲课的有李晋超、戴金星、李明潮、唐修义（前排左起：第 5、6、7、11 位）

2. 1984 年 3 月 10 日，全国天然气（煤成气）学习班全体人员合影，戴金星（第二排右 7）

3
4
5

3. 1985年11月10日，戴金星（左）和戚厚发（中）共同研讨煤成气勘探问题

4. 1986年5月10日，和王少昌（左）在北京展览馆参观"六五"国家科技攻关成果展览

5. 1988年5月，康世恩（左3）、翟光明（左1）、王宓君（左2）、蒋长安（左4）和戴金星（右1）在乐山石油疗养院研讨川中油气问题

1	2
3	4

1. 1988年，"七五"天然气攻关骨干人员在鄂尔多斯盆地长庆油田（右起：戚厚发、程克明、王少昌、戴金星）

2. 1987年5月20日，长庆油田副总地质师宋四山、张传淦总地质师和戴金星等踏勘并选定井位；1989年，我国第一个1000亿立方米以上大气田——靖边（中部）气田的发现井陕参1井获高产气放喷

3. 1991年初春，中国石油天然气总公司石油勘探开发科学研究院天然气室同仁在北京颐和园（左起：樊广峰、关德师、洪峰、王佩忠、马永生、戴春森、戴金星、孙永祥、李启明）

4. 1996年4月29日，在张家界召开《天然气工业》编委会时共商办刊大计（左起：李克向、蒋长安、戴金星、包茨、傅诚德、石宝珩）

5
6

5. 1996 年 8 月 24 日，和石宝珩（右）共商天
　 然气攻关事宜

6. 1996 年 10 月 20 日，温州二中 1956 年高中
　 毕业生戴金星、夏映荷夫妇与同学们看望浙江
　 省特级教师陈立明先生（前排左 4）

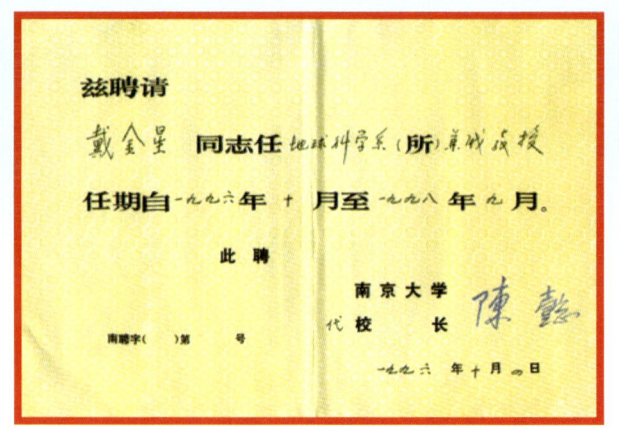

1	2
3	
4	5

1. 1996 年 10 月 29 日，南京大学聘任戴金星为兼职教授，母校党委副书记贾怀仁为他戴校徽

2. 南京大学兼职教授聘书

3. 1997 年 6 月 19 日，南京大学校友在杭州庆祝老师李星学院士（著名古植物学家）80 岁大寿（右起：周志炎院士、孙枢院士、李星学院士、戴金星院士）

4. 1997 年 12 月 11 日，在澳大利亚阿德莱德观察库珀盆地岩心（右起：傅诚德、戴金星、罗平）

5. 1998 年 7 月 17 日，在俄罗斯科学院地球化学和分析化学研究所宇航展览室观察世界有关地区陨石样品

6

7

6. 1998 年 11 月 18 日，和老师郭令智院士（右）欢聚北京

7. 2001 年 10 月 25 日，戴金星（中）获何梁何利基金科学与技术进步奖

	2
1	3
4	

1. 2002 年 5 月 20 日，庆贺母校南京大学建校 100 周年（左起：郑绵平、谢先德、戴金星）

2. 2008 年 11 月 8 日，和 91 岁的小学老师林景晖（黄埔军校工兵部 14 期学员）在温州

3. 2014 年 4 月 26 日，在南京大学和大学毕业论文指导教师夏邦栋教授合影

4. 2014 年 4 月 26 日，在南京大学合影（左起：戴金星、孙枢、薛禹群、王德滋、陈骏）

5	6
7	8

5. 2010 年 11 月,《中国天然气成因及鉴别》获国家自然科学奖二等奖（戴金星为第一贡献者）

6. 2010 年 11 月,《中国天然气成因及鉴别》获 2010 年度国家自然科学二等奖,戴金星参加授奖大会（左为张荣华）

7. 2013 年 7 月,《新能源》杂志封面,戴金星（左 2）获"能源之父"称号

8. 2020 年 7 月,"科技名家笔谈"栏目画家张武昌绘戴金星肖像画

1. 2014 年 12 月 15 日，在母校温州瓦市小学庆贺百年校庆大会上祝词

2. 2014 年 12 月 15 日，在母校温州瓦市小学与小校友相聚

3. 2015 年 11 月 6 日，在潜江市与江汉油田地调处同事合影（前排左起：范玉英、窦茂泽、戴金星、李群堂、刘有侗；后排左起：周芝旭、张伯桥，何明誌、颜菊芳、陈先达、曹伯、罗铭鑫、胡国艺）

4

5

4. 2018 年 5 月 30 日，获
   陈嘉庚地球科学奖

5. 2021 年 2 月 22 日，在
   中国石油勘探开发研究
   院院士墙前留影

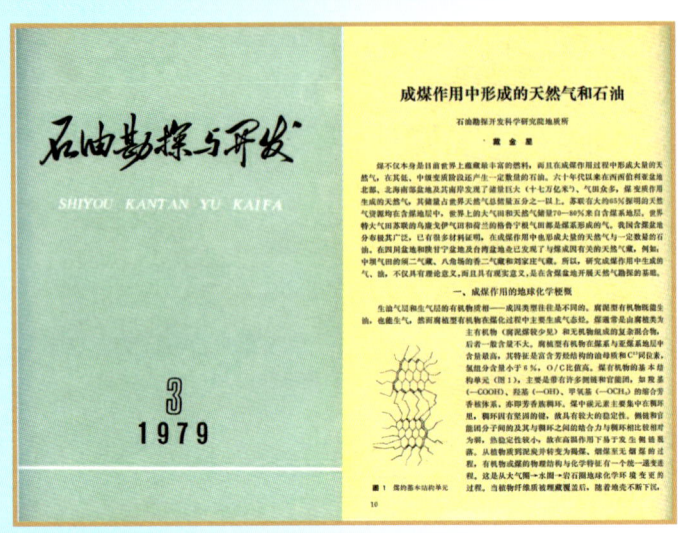

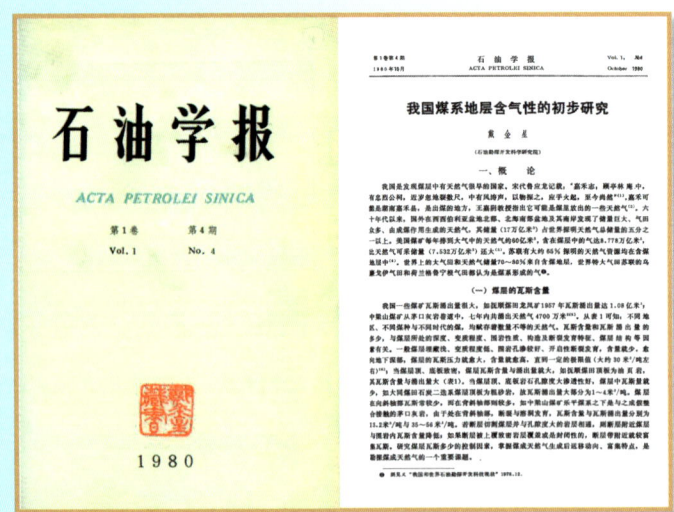

3. 1987 年 7 月，"中国煤成气的开发研究"获国家科学技术进步奖一等奖（戴金星为第一贡献者）

4. 1992 年 12 月，"天然气（含煤成气）资源评价与勘探测试技术研究"获地质矿产部成果奖一等奖（戴金星为第三贡献者）

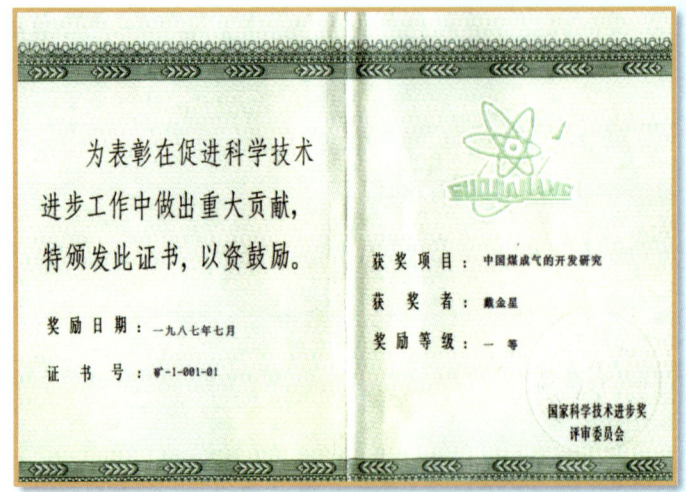

1	3
2	4

1. 1979 年，在《石油勘探与开发》发表《成煤作用中形成的天然气和石油》论文

2. 1980 年，在《石油学报》发表《我国煤系地层含气性的初步研究》论文

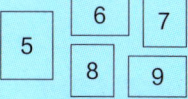

5. 1997年12月，"大中型天然气田形成条件、分布规律和勘探技术研究"获国家科技进步奖一等奖（戴金星为第一贡献者）

6. 1996年12月，"四川、陕甘宁盆地大气田形成条件、分布规律和勘探技术"获中国石油天然气总公司科学技术进步奖一等奖（戴金星为第一贡献者）

7. 2008年12月，"中国天然气成因及大气田形成机制"获中国石油天然气集团公司科学技术进步奖一等奖（戴金星为第一贡献者）

8. 2009年10月，"中国硫化氢天然气形成分布与开发战略"获中国石油和化学工业协会科技进步奖一等奖（戴金星为第三贡献者）

9. 1991年12月，"我国天然气地球化学特征及其成因类型"获中国石油天然气总公司科学技术进步奖二等奖（戴金星为第一贡献者）

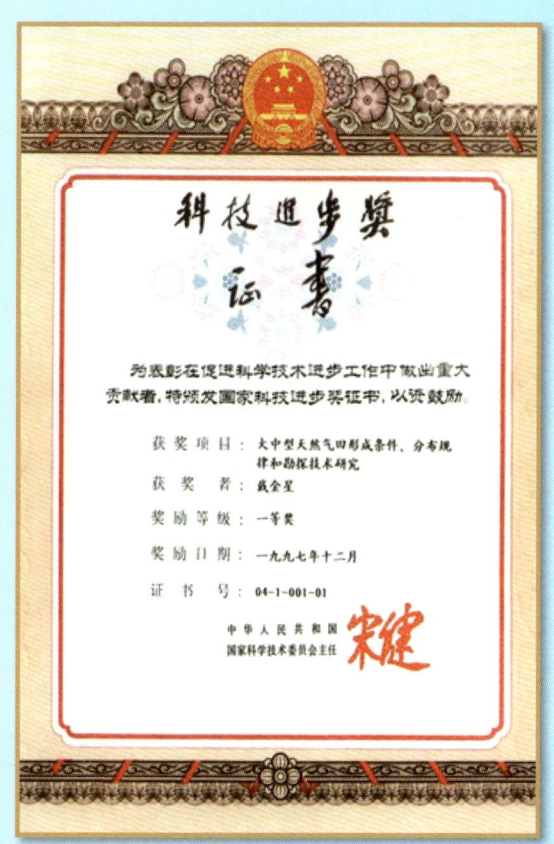

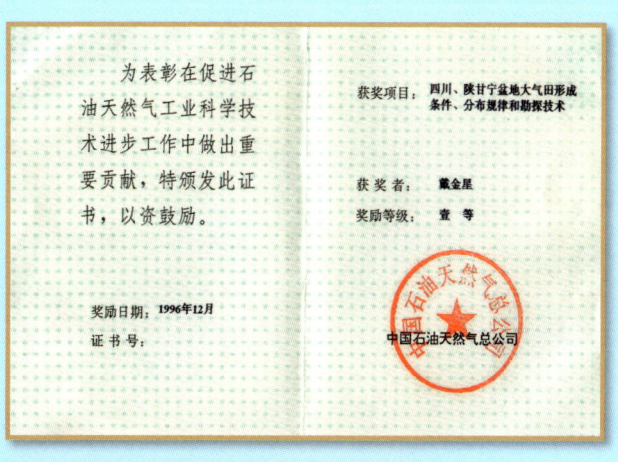

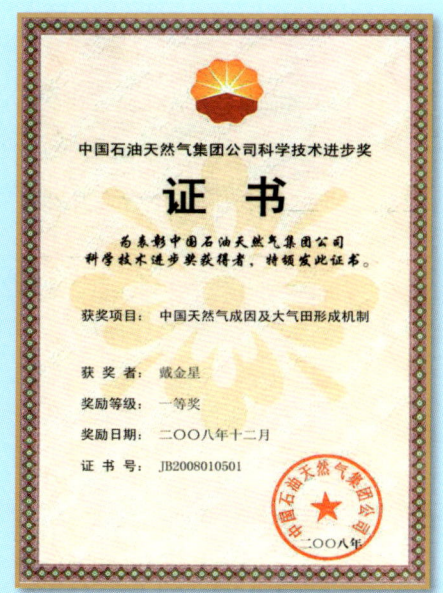

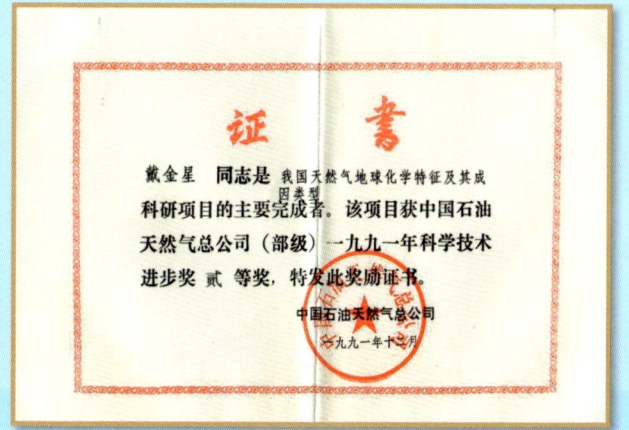

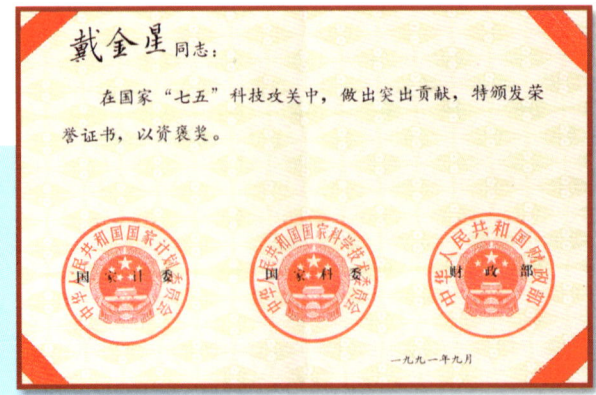

1. 1991 年 9 月，获国家"七五"科技攻关先进个人奖

2. 1996 年 10 月，获国家"八五"科技攻关先进个人奖

3. 2001 年 2 月 28 日，中国人民政治协商会议全国委员会委员证

4. 中国科学院院士牌

5. 中国科学院院士证

<table>
<tr><td>6</td><td>7</td></tr>
<tr><td>8</td><td>9</td></tr>
</table>

6. 1996 年 1 月，中国科学技术大学兼职教授聘书

7. 1997 年 5 月 20 日，国务院学位委员会第四届学科评议组成员聘书

8. 1997 年 6 月 5 日，浙江大学地球科学系兼职教授聘书

9. 2003 年 9 月，浙江大学理学院地球科学系主任聘书

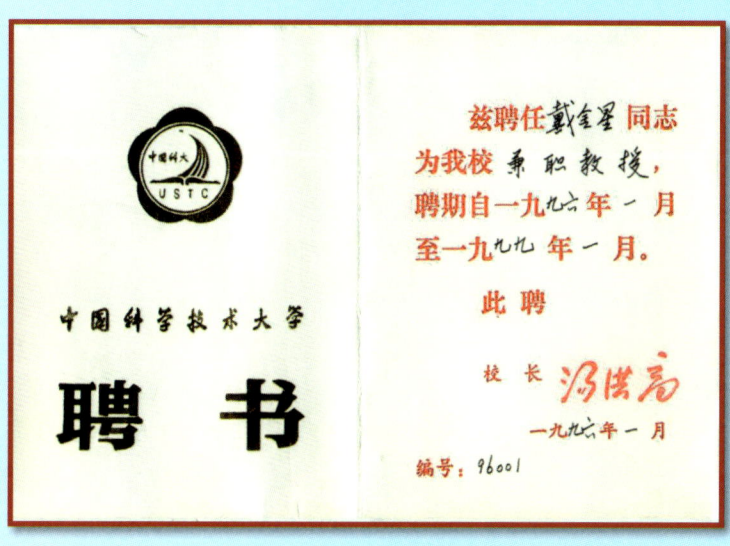

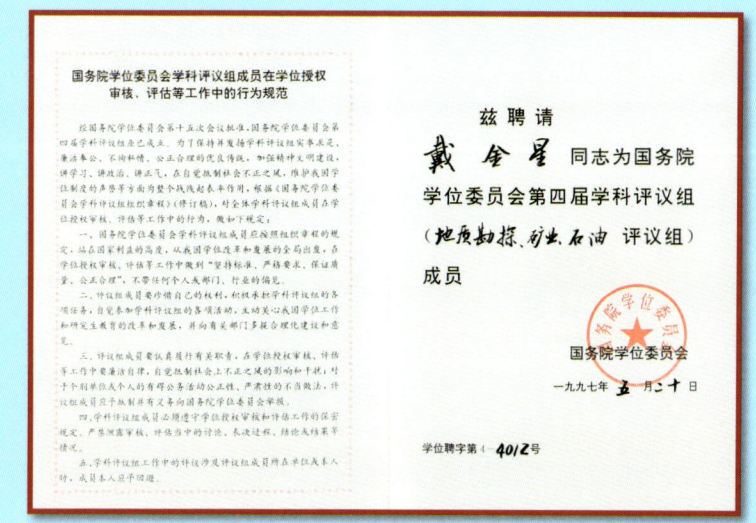

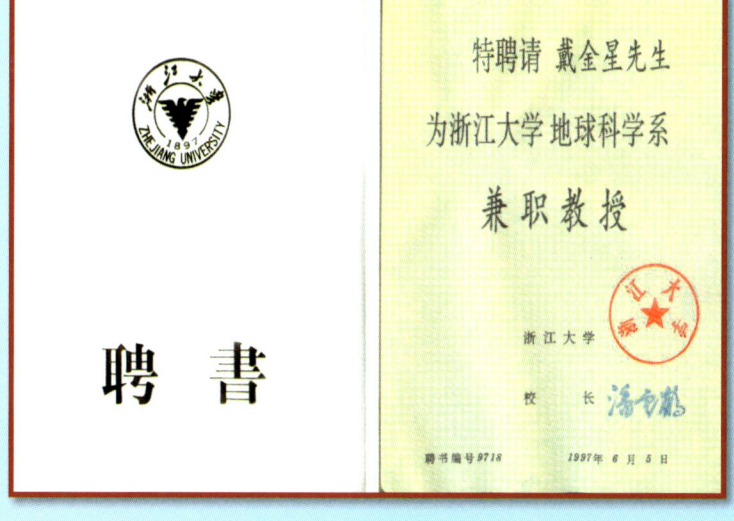

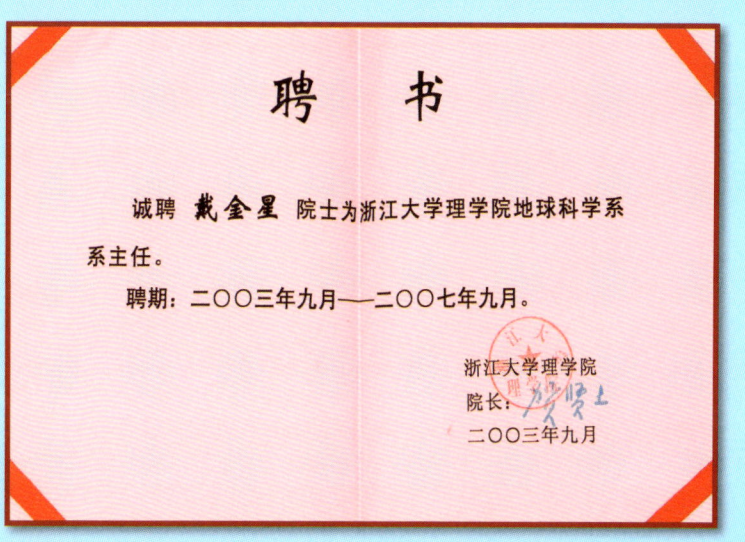

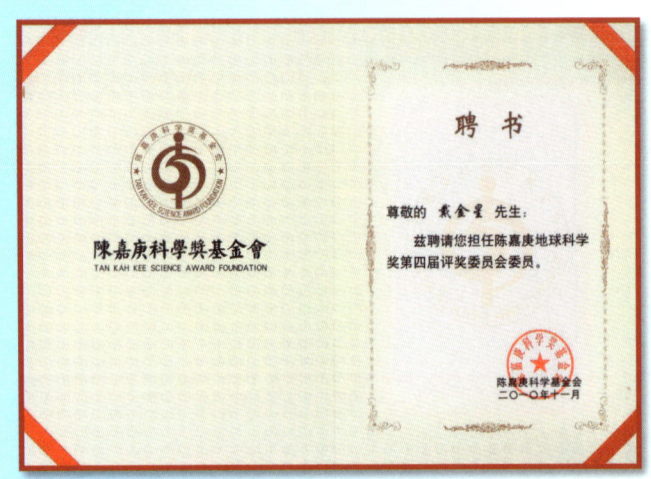

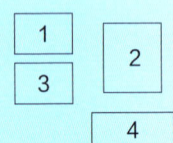

1. 2010 年 11 月，陈嘉庚地球科学奖第四届评奖委员会委员聘书

2. 2006 年 8 月，国家科学技术奖评审专家聘书

3. 2012 年 3 月 23 日，国际欧亚科学院院士证

4. 戴金星的部分日记

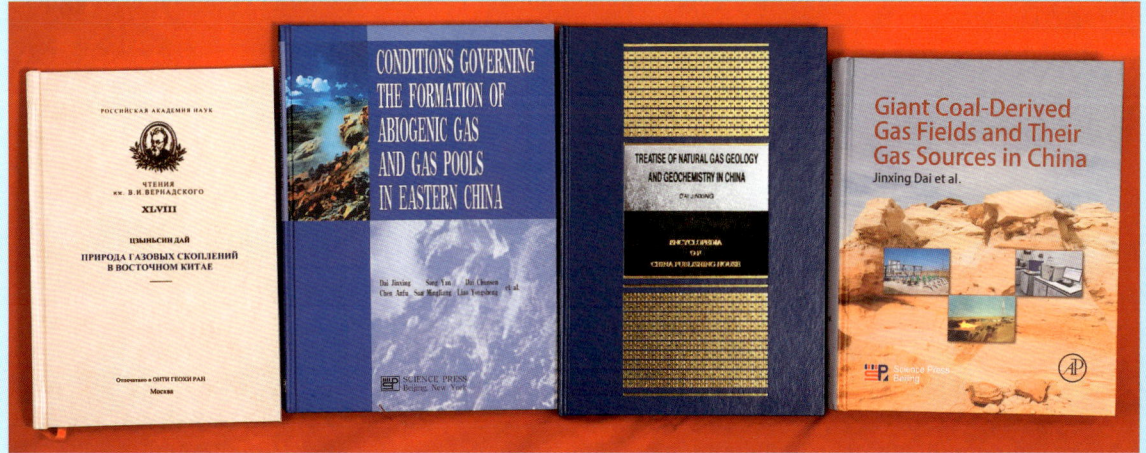

5

5. 出版的部分专著

石油院士系列丛书

"勤奋是打开科学之门的钥匙""勤作、勤读、勤思、勤创"是戴金星院士长期以来的自勉语。

勤作是实践、是基础，使人获得翔实的第一手资料。1975年至今，戴金星与学生们有规划地在全国除西藏外系统地取气样2600多个，被称为"中华气样第一人"。

勤读是继承、是启迪，使人了解前人的研究成果，准确选定主攻命题和方向。"多读一个字多增加一个幸福的细胞"，这是戴金星80岁又悟出的一句自勉语。他坚持读论文、读专著，坚持每周去图书馆看陈列新书，了解国内外最新研究动态，这一习惯他已坚持了60年。

勤思是勤作和勤读有机联系的升华。长期勤作、勤读和勤思使戴金星产生了煤系成烃以气为主以油为辅理论，各类天然气鉴别理论，中亚、亚洲东缘和中欧煤成气聚集域、中国东部幔源成因 CO_2 气田顶级成果。

勤创是以文字或影音方式把素材、观点，完善总结升华为科学宝库的理性规律。对科学工作者来说，勤创主要体现在有创新性的论文和著作中。凭着"向生命争贡献时间"理念，他耄耋之年仍力争每年完成主笔论文3篇。勤创使他论著等身。

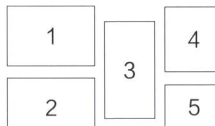

1. 1983 年 12 月 11 日，王则民（左）、戴金星（右）在联邦德国 Oshabrück 考察煤成气主要储层赤底统

2. 1983 年 12 月，考察德国 Rehde 煤成气田 R9 井

3. 1984 年 3 月 29 日，在云南保山县勐古怒江江畔取气苗样

4. 1986 年 11 月 14 日，在浙江省椒江市黄礁乡下洋村水田中考察生物气燃烧

5. 1988 年 5 月 28 日，在四川省自贡燊海井

1. 1988 年 3 月 17 日，在海南岛兴隆热泉取无机成因气样（左起：张亮成、陈学亮、石宝珩、曹冬梅、戚厚发、王少昌）

2. 1991 年 5 月 27 日，在克拉玛依油田黑油山考察

3. 1991 年 7 月 6 日，在准噶尔盆地南缘乌苏县察哈乌松泥火山取气样

4. 1995 年 10 月 17 日，在四川盆地中坝气田取气样

5. 1996 年 9 月 29 日，在美国大峡谷考察

6. 1996 年 10 月 6 日，在美国圣胡安盆地考察煤成气，与 ARCO 石油公司专家进行野外考察与讨论

1	2
3	

1. 1997 年 6 月 4 日，
   在安徽太平县翡翠谷
   观察小构造

2. 1997 年 11 月 1 日，
   在闽赣之巅黄岗山
   考察

3. 1997 年 11 月 3 日，
   和傅诚德（左）在武
   夷山观察露头

4	
5	
6	

4. 1997 年 12 月 29 日，在美国夏威夷 Oahu 岛东海岸地质考察

5. 1997 年 12 月 22 日，在新西兰 Wai-O-Tapu 温泉仙境考察无机成因气苗（泡）

6. 1997 年 12 月 22 日，新西兰 Wai-O-Tapu 温泉仙境强烈冒气

1	3	5
2	4	6

1. 1998 年 4 月 18 日，在塔里木盆地库车坳陷考察煤成气主要源岩阳霞组含煤地层

2. 1998 年 4 月 18 日，和贾承造（右）在库车坳陷进行地质考察

3. 2000 年 6 月 18 日，参观加拿大阿尔伯达盆地 Turner Valley 油气田气苗燃烧

4. 2000 年 6 月 19 日，和傅诚德（左）考察加拿大 Calumbia 冰川

5. 2000 年 6 月 23 日，在加拿大 Sulphur 山观察密西西比系石灰岩

6. 2000 年 6 月 24 日，和马新华（右）在加拿大班夫考察路易斯湖与冰川的关系

1

2 3

1. 2003 年 12 月 8 日，观察由 1991 年 9 月 21 日强烈地震造成的台湾省南投县武昌宫陷落倾斜

2. 2003 年 12 月 9 日，在我国大气田之一台湾省最大气田铁砧山气田参观（左为铁砧山矿场沈望陆场长，右为台湾中油公司探采研究所林丽华研究员）

3. 2001 年 9 月 12 日，在渤海绥中 36-1 油田考察

4

5

4. 2004年9月19日，在西澳大利亚州 Nambung National Park 考察沙漠石林

5. 2004年9月19日，和他的学生们在西澳大利亚洲 Nambung National Park 考察交错层理

17:30

18:20

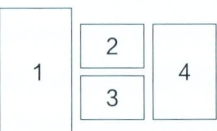

1. 2004 年 9 月 22 日，在澳大利亚中部 Ayers Rock 山从 17:30—18:20 细察夕阳下随时间推移的山体色调演变

2. 2008 年 4 月 27 日，在青海达布逊盐湖工区参加"中国柴达木盆地资源环境科学钻探工程"开工典礼（左起: 邹才能、戴金星、陈运泰、腾吉文、李明）

3. 2008 年 4 月 27 日，在青海达布逊盐湖部分干涸湖底上考察盐壳

4. 2008 年 4 月 28 日，和邹才能（右）沿昆仑山口西 8.1 级地震地表破裂带两侧考察

1. 台湾省台南县"水火同源"景观

2. 2010 年 5 月 18 日，在台湾省台北七星山小油坑考察大屯山火山群喷气（左起：张水昌、胡国艺、王云鹏、汪泽成、戴金星、王红军、邹艳荣、刘桂侠、赵长毅、王兆云）

3. 2010 年 5 月 19 日，在台湾省高雄县燕巢乡考察乌山顶泥火山群

4. 乌山顶泥火山之一正在冒泥泡与气体

5. 2010 年 5 月 20 日，与张水昌、王云鹏等人考察台湾省太鲁阁大峡谷小褶皱

6. 2010 年 5 月 21 日，在台湾省太鲁阁大峡谷地质考察

1. 2010年9月18日，在美国大峡谷考察（左起：倪云燕、夏映荷、戴金星、李剑、胡国艺）

2. 2011年1月19日，在普光气田天然气净化产出的硫黄料仓中

3. 2011年9月1日，观察中国第一口陆相页岩气井（柳评177井）点火

断层

4. 2013 年 6 月 28 日，在安徽省霍邱县考察下寒武统马山黑色页岩（左起：刘德良、刘全有、戴金星、吴向华、陶士振、李广之）

5. 2013 年 12 月 22 日，参观中国第一口页岩气井（海相）威 201 井（左起：董大忠、龚剑明、戴金星、王兰生）

6. 2014 年 6 月 28 日，在恩施金龙大道考察丹霞地貌和断层

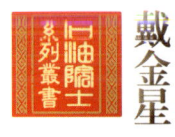
川庆井下作业公司

1. 2013 年 12 月 28 日，"中国页岩气发展战略对策建议"咨询项目主要成员到重庆礁石坝区块和四川长宁区块页岩气现场调研

2. 2014 年 10 月 23 日，在昭通页岩气田井场考察（左起：郝世彦、彭海润、戴金星、王银贵、陶士振、杜燕）

3. 2015 年 12 月 20 日，在贵州省正安县考察安页 1 井喷气（左起：包书景、戴金星、王毅）

	2
1	3
	4

1. 2019年4月8日，在焉耆盆地塔什店剖面考察八道湾组背斜

2. 2019年10月14日，在风城油砂山考察钙质结核

3. 2019年11月11日，在平潭石牌洋考察金鱼山

4. 2019年11月11日，平潭石牌洋滨岸花岗岩球状风化景观

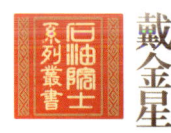

1	3
2	4 5

1. 1981 年 12 月 18 日，鄂尔多斯盆地发现第一个煤成气田的任 4 井产气座谈会（一排左 4 杨俊杰、左 5 张传淦，二排左 2 王少昌、左 3 戴金星）

2. 1983 年 12 月，石油工业部煤成气考察组赴西德访问北威州地质局（前排左起：刘家祺、史训知、M.Teichmüller、Köwing；后排左起：戴金星、朱家蔚、王则民、H.J.Kerch）

3. 1983 年 12 月，中国煤成气考察组在史训知（中）率领下，在德国汉诺威会见世界著名油气地球化学家 D.H.Welte（右 3），成员有王则民（左 1）、朱家蔚（左 2）、戴金星（右 1）、刘家祺（右 2）

4. 1985 年底，"六五"国家攻关项目"（中国）煤成气的开发研究"成果鉴定会

5. 1985 年底，在"（中国）煤成气的开发研究"成果鉴定会上戴金星作我国含煤盆地评估报告

| 1 | 2 | 4 |
| 3 | | 5 |

1. 1991年8月16日，与俄罗斯著名地球化学家 E.M.Galimov（左）主持兰州国际气体地球化学研讨会

2. 1993年8月25日，戴金星（左3）参加美国第206次化学年会后，与著名地球化学家 D.D.Rice（左1）、M.Schoell（左5）、A.T.James（左6）及沈平（左4）等在芝加哥南中国城

3. 1993年11月16日，"八五"国家重点科技攻关"大中型天然气田形成条件、分布规律和勘探技术研究"（85-102）项目成果总结交流会代表合影；与会代表来自中国石油、中国海油、中国科学院和高校系统（前排右3为戴金星）

4. 1996年8月，第30届国际地质大会期间，南京大学地质科学系与会老师跟校友们会聚北京（前排左起：施央申、王德滋、徐克勤、郭令智、夏邦栋）

5. 1997年11月2日，在"中国大型气田勘探开发研究"（96-110）项目二级课题长工作会议上部署攻关有关事宜

1. 1997年6月20日，在王国维故居（左起：汪品先、陈运泰、赵鹏大、肖序常、戴金星、欧阳自远）

2. 1997年6月20日，中国科学院地学部常委和办公室人员在海宁观钱塘潮（二排右3为戴金星）

3

4

3. 1998 年 1 月，在加拿大卡尔加里（右起：王涛、傅诚德、戴金星）

4. 1998 年 7 月 17 日，访问俄罗斯科学院地球化学和分析化学研究所，同所长 E.M.Galimov（右 2）与副所长 F.Myasoedex（右 1）交流

[Photograph]

<table>
<tr><td>1</td><td>2</td></tr>
<tr><td></td><td>3</td></tr>
</table>

1. 1998年10月，戴金星（前排右3）在南京出席"98国际煤成烃学术研讨会"

2. 2000年6月，出席中国科学院第十次院士大会，地学部来自南京大学地学院及其校友的院士合影［前排左起：薛禹群、伍荣生；后排左起：张本仁、刘振兴、孙枢、王德滋、田在艺、李德生、戴金星、王水、安芷生（未参加合影的有李吉均、袁道先、周志炎）］

3. 2000年11月24日，在新德里第五届AAAPG会议宴会上与世界著名油气地球化学家D.H.welle（左3）、张水昌（左1）和梁狄刚（左2）合影

1

2

1. 2001 年 9 月 15 日，在中国海洋深圳分公司作《中国大气田分布规律和大陆架大气田的有利勘探区》报告

2. 2002 年 9 月 3 日，在加拿大 Banff 参加 TSOP 第 19 次年会与世界著名油气地球化学家 S.Larter（中）和刘德汉（右）合影

3. 2003 年 12 月 6 日，戴金星（前排右 2）在台湾省中坜市"中央大学"出席第五届海峡两岸资源地质与环境地化研讨会与代表们合影

1
2

1. 2004 年 9 月 24 日，参观澳大利亚悉 尼 CSIRO 的 Simon George 博士有机地化实验室（左起：罗霞、胡国艺、Simon George、李剑、戴金星、秦胜飞、朱光有）

2. 2004 年 9 月 27 日，戴金星（第二排右 4）在澳大利亚悉尼参加第 21届有机岩石学年会与代表合影

3
4 5

3. 2004 年 10 月，戴金星（前排右 12）在北京参加"第六届 AAAPG"会议

4. 2005 年 8 月 12 日，在大庆油田公司作《中国天然气勘探的进展和大气田形成的主要控制因素》报告

5. 2007 年 12 月，戴金星（左 2）参加"中国石油勘探开发研究院 2007 年度勘探技术交流会"

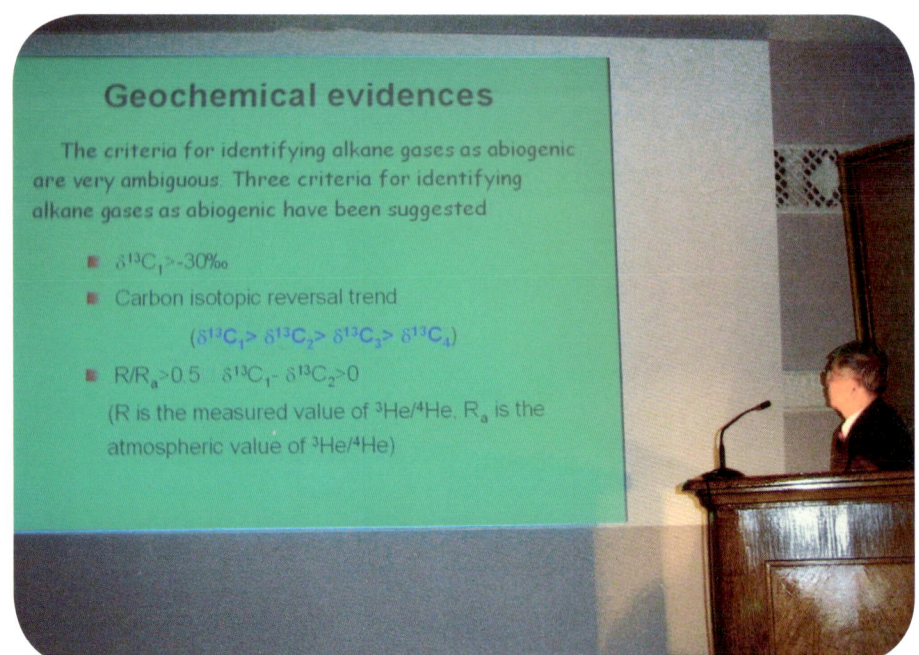

Geochemical evidences

1 | 2
3

1. 2008 年 3 月，应俄罗斯科学院院士 E.M.Galimov 邀请，戴金星一行访问俄罗斯科学院地球化学和分析化学研究所

2. 2008 年 3 月 12 日，为纪念 V. I .Vernadsky 院士 143 年诞辰，应邀在俄罗斯科学院地球化学和分析化学研究所作《中国东部天然气富集特征》报告

3. 2010 年 6 月，第 376 次香山科学会议合影（前排左 7 为戴金星）

4

5

4. 2010 年 5 月，第一届海峡两岸天然气地球化学研讨会的大陆代表在台湾大学（左起：赵长毅、王云鹏、汪泽成、王红军、戴金星、张水昌、邹艳荣、刘桂侠、王兆云、胡国艺）

5. 2010 年 6 月，中国科学院第十五次院士大会地学部院士合影（第三排左 6 为戴金星）

1
2

1. 2010 年 9 月 16 日，戴金星等在洛杉矶与加州环境能源研究院院长唐永春（右 2）进行学术交流

2. 2011 年 8 月，戴金星（第三排右 3）与他的博士后倪云燕、胡国艺、李剑在加拿大哈利法克斯出席"第 28 届 TSOP 年会"

28th Annual TSOP Meeting
Halifax, NS, Canada
July 31st - August 4th, 2011

3

4

3. 2011 年 11 月 2 日，在德国波茨坦地学研究中心（GFZ）作《鄂尔多斯盆地致密砂岩大气田碳氢同位素研究》报告

4. 2011 年 11 月 2 日，中国石油代表团访问德国波茨坦地学研究中心（GFZ）

1	2
3	

1. 2012 年 4 月 16 日，在无锡"页岩油资源与勘探开发技术国际研讨会"上和英国皇家学会会员 S.Larter 院士（右）合影

2. 2012 年 4 月 16 日，和学生们在无锡"页岩油资源与勘探开发技术国际研讨会"上（前排左起：廖凤蓉、戴金星、倪云燕、杨春；后排左起：刘全有、吴小奇、黄士鹏）

3. 2012 年 9 月，戴金星（前排左 5）在北京出席"第 29 届 TSOP 年会"

2014年度陈嘉庚地球科学奖正式候选奖项评审会议
2013.9.25

	5
4	7
6	

4. 2013年9月2日，在希腊Patras市世界天然气地球化学大会上与国外学者交流

5. 2013年9月25日，戴金星（前排左2）参加"2014年度陈嘉庚地球科学奖正式候选奖项评审会议"

6. 2013年11月10日，参加中国第一次科技攻关"煤成气的开发研究"项目研究人员喜聚一堂（左起：刘文汇、戴金星、傅家谟、徐永昌、朱家蔚、张文正）

7. 2013年11月10日，在第十四届全国有机地球化学学术会议上作《中国大气田地质和地球化学若干特征》报告

1. 2014年5月29日，戴金星（左）和他的院士推荐人傅家谟院士（右）在第一届天然气地球科学论坛会上

2. 2014年5月29日，第一届天然气地球科学论坛代表于杭州合影（前排左8为戴金星）

3. 2015年11月13日，在中国科学院2015年院士增选会期间合影（左起：龚剑明、王颖、殷鸿福、戴金星、曾庆存、汪集旸、童庆禧、欧阳自远、苏纪兰、申倚敏）

4. 2016年5月12日，在第二届天然气地球科学论坛上讲话

5. 2017年10月28日，在第六届全国沉积学大会（左起：付金华、戴金星、朱伟林）

| 1 |
| 2 |
| 3 |

1. 2008 年 6 月 26 日，在中国科学院第十四次院士大会上戴金星与百岁院士杨遵仪（右 2）、施雅风（左 1）、张弥曼（右 1）欢聚一堂

2. 2018 年 5 月 29 日，参加中国科学院第十九次院士大会（左起：周忠和、戴金星、郭华东）

3. 2018 年 5 月 30 日，中国科学院第十九次院士大会地学部合影（第二排右 4 为戴金星）

4

5　6

4. 2018 年 9 月 20 日，在嘉庚论坛上发言

5. 2019 年 4 月 9 日，在库尔勒出席"塔里木石油会战 30 周年技术论坛"

6. 2019 年 11 月 9 日，在厦门中国科学院咨询评议项目"海洋丝路地质与海洋环境战略分析"工作会议上发言

1. 2021 年 4 月 11 日，戴金星出席《中国石油地质志》（修编）验收会

2. 2021 年 6 月 3 日，第四届天然气地球科学论坛代表在宁波合影（第一排左 15 为戴金星）

3

3. 2021 年 5 月 30 日，中国科学院第二十次院士大会地学部院士合影
（前排右 3 为戴金星）

1. 1999 年 10 月 1 日，在国庆 50 周年庆典上观礼

2. 2009 年 10 月 1 日，参加国庆 60 周年观礼的地学部院士（左起：穆穆、孙枢、邓起东、戴金星、李廷栋、肖序常、申倚敏、李德生）

3

3. 2019 年 10 月 1 日，和陈运泰（右）参加国庆 70 周年庆典

戴金星不仅终生奉献于祖国的天然气事业，"为国争气"，而且作为研究生导师，为祖国培养了大批优秀人才。戴金星做"甘为人梯、奖掖后学"的表率，培养了硕士、博士研究生和博士后共 55 人。这些学生布及海内外，传承了老师"读好书、好读书、读书好""勤奋好学、刻苦钻研"的精神。目前有多位学生成为中青年科学家或行业内知名学者和学科带头人，特别是在天然气地球化学、油气成藏、非常规油气、无机成因气、氦气等研究领域，取得多项重要研究成果，为中国的油气事业做出了重要贡献，其中 1 人成为中国科学院院士，2 人获得国家杰出青年科学基金，1 人成为国家"万人计划"人才。

戴金星经常鼓励学生向国内外同行学习，并把大家的科研成果向国内外同行进行交流。他率学生参加了全国性学术会议和国际会议 60 多次，带学生去美国、加拿大、澳大利亚、希腊、德国、俄罗斯和西班牙等国家进行学术交流 22 人次，宣读论文 19 篇，发表论文 10 篇，在俄罗斯出版俄文、英文专著各 1 部。

戴金星院士培养的学生

杨池银
（1987 硕士）

陈松源
（1987 硕士）

樊广峰
（1988 硕士）

李先奇
（1990 硕士博士）

陈英
（1990 硕士）

王佩忠
（1990 硕士）

戴春森
（1991 博士）

秦胜飞
（1994 博士）

孙冬敏
（1994 硕士）

房德权
（1995 博士）

万玲
（1995 博士）

赵林
（1996 博士）

夏新宇
（1997 博士后）

石昕
（1997 博士）

贾进斗
（1998 博士后）

卫延召
（1998 博士）

陶士振
（1999 博士后）

赵靖舟
（1999 博士）

林斌（澳大利亚）
（2000 博士）

张爱卿
（2000 博士）

邹才能
（2001 博士）

李剑
（2002 博士后）

苗继军
（2002 博士）

刘琨
（2002 博士）

朱光有
（2003 博士后）

丁巍伟
（2003 博士后）

侯路
（2003 博士）

米敬奎
（2004 博士后）

胡安平
（2004 博士）

夏明军
（2004 博士）

谷团
（2004 博士）

刘全有
（2005 博士后）

杨福忠
（2005 博士）

蔡冬梅
（2005 博士）

周庆华
（2005 博士）

宫色
（2006 博士后）

赵喆
（2006 博士后）

杨春
（2006 博士）

杨桂茹
（2006 博士）

郑军卫
（2006 博士）

胡国艺
（2007 博士后）

倪云燕
（2007 博士后）

陶小晚
（2007 博士）

黄士鹏
（2009 博士）

吴小奇
（2010 博士后）

廖凤蓉
（2010 博士）

刘岩
（2011 博士后）

于聪
（2011 博士）

龚德瑜
（2012 博士后）

吴伟
（2012 博士）

房忱琛
（2013 博士后）

刘丹
（2013 博士）

冯子齐
（2014 博士）

彭威龙
（2015 博士）

韩文学
（2015 博士）

1

2

1. 1998 年 10 月 12 日，与学生在
   千岛湖（左起：秦胜飞、夏新宇、
   夏映荷、戴金星、李先奇、石昕）

2. 2001 年 12 月 22 日，与夏新宇
   （右）在香港鸭洲（岛）考查
   晚白垩世砾岩的海蚀洞

1
2

1. 2004 年 3 月 19 日，庆祝
   戴金星、夏映荷夫妇 70
   华诞（后排左起：苗继军、
   林斌、刘琨、卫延召）

2. 2004 年 3 月 19 日，在京
   部分学生祝贺戴金星、
   夏映荷夫妇 70 华诞

3	
4	5

3. 2005 年 7 月 11 日，中国石油勘探开发研究院授予 2005 年度博士学位 21 名，戴金星的两位博士苗继军（左）和林斌（右）分别荣获优秀干部和优秀博士称号

4. 2007 年 8 月 24 日，在德国杜塞尔多夫参观海涅故居（左起：罗霞、戴金星、倪云燕）

5. 2008 年 9 月 24 日，在里斯本参观航海家纪念碑（船头起第 4 位为哥伦布）（左起：胡国艺、倪云燕、夏映荷、戴金星、李剑）

1　2

3

1. 2010 年 9 月 17 日，加州环境能源研究院院长唐永春（左 1）接待戴金星（左 2）和他的学生们在实验室参观

2. 2010 年 9 月 23 日，在美国和学生合影（左起：夏新宇、戴金星、倪云燕）

3. 2011 年 8 月 5 日，在加拿大参观尼亚加拉瀑布（左起：李剑、倪云燕、戴金星、胡国艺）

4

5

4. 2011 年 6 月 22 日，夏新宇应邀回国在中国石油勘探开发研究院廊坊分院作学术报告后留影（左起：倪云燕、夏映荷、戴金星、夏新宇、李剑、胡国艺）

5. 2011 年 6 月 4 日，在温州江心屿与学生合影（左起：黄士鹏、朱光有、周庆华、李剑、戴金星、夏映荷、赵靖舟、陶士振、胡国艺、廖凤蓉）

1. 2011年10月29日，参观伯尔尼爱因斯坦故居（左起：陶士振、邹才能、戴金星、陈英）

2. 2011年10月31日，参观德国波茨坦会议旧址（左起：陈英、戴金星、邹才能、胡素云、陶士振）

3

3. 2012年3月19日，戴金星、夏映荷夫妇生日合影（前排左起：李剑、陈松源、张水昌、邹才能、戴金星、夏映荷、陈英、李先奇、刘琨；中排左起：秦胜飞、陶士振、廖凤蓉、于聪、倪云燕、石昕、蔡冬梅、卫延召、赵喆、胡国艺；后排左起：曹峰、朱光有、杨春、吴小奇、黄士鹏、刘全有、夏明军、米敬奎）

1. 2012 年 7 月 25 日，戴金星夫妇、学生及子女合影（后排左起：倪云燕、李先奇、王佩忠、刘小薇）

2. 2013 年 9 月 10 日，和学生们欢度教师节（后排左起：吴伟、房忱琛、于聪、陶小晚、黄士鹏、龚德瑜）

3. 2015 年 3 月 19 日，和前来庆贺
   生日的学生在办公室合影

4. 2015 年 3 月 19 日，和学生在主楼
   门前合影（左起：吴伟、陶士振、
   朱光有、黄士鹏、戴金星、冯子齐、
   倪云燕、房忱琛、廖凤蓉、刘丹）

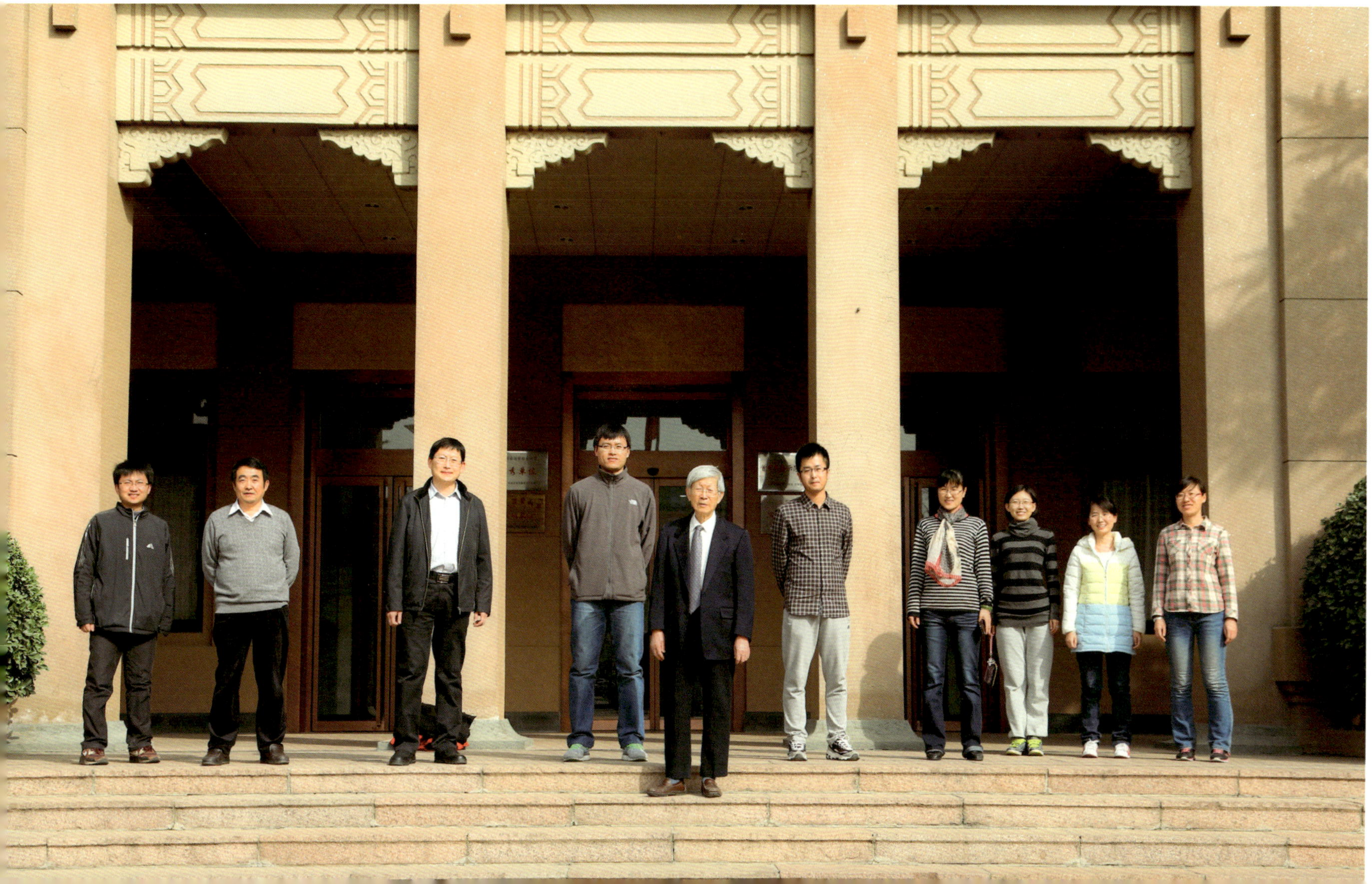

1. 2016 年 5 月 12 日，在第二届天然气地球科学论坛上和学生合影

2. 2017 年 12 月 9 日，与学生出席重庆第十六届全国有机地球化学学术会议

3

5

4

3. 2017 年 7 月 5 日，和冯子齐（右）在办公室合影

4. 2021 年 3 月 8 日，和邹才能（右）共赏戴金星私人油气期刊柜

5. 2021 年 4 月 16 日，在石油地质实验研究中心测试天然气的碳同位素

戴金星的科研之路可用"登山凿石方逢玉，入水披沙始见金"来形容。回忆起童年的贫苦生活，戴金星感慨"当年家境贫寒，无钱拍照，父亲生前没有照片留下，仅留存一首诗词墨宝，但即使家徒四壁，父亲依然重教育人"。在父亲的影响下，戴金星异常珍惜来之不易的学习机会，勤学苦读，克服重重困难，最终走上"为国争气"的科研之路。

　　在这条艰苦的道路上，戴金星得到了夫人夏映荷"同声自相应，同心自相知"的全力支持。夫妇二人携手走过温州的峥嵘岁月，一路北上，在北京共同描绘了锦篇绣帙。戴金星常常在公开场合当面感谢夫人对于家庭的付出，学生们也将二人的名字组合为"夏日星荷"来称颂他们的伉俪情深。戴金星说，"年轻时夏老师跟着我受了很多苦，现在我要多带她看看外面的世界"。

　　戴金星一直感恩于父辈的谆谆教诲，感恩于家庭的同舟共济，感恩于良师益友的鼎力相扶，并将这些感恩之情倾注到"我为祖国献油气"的实际行动中。时光荏苒，晓来风露；白驹过隙，笑亦从前；追忆流年，岁月如歌。

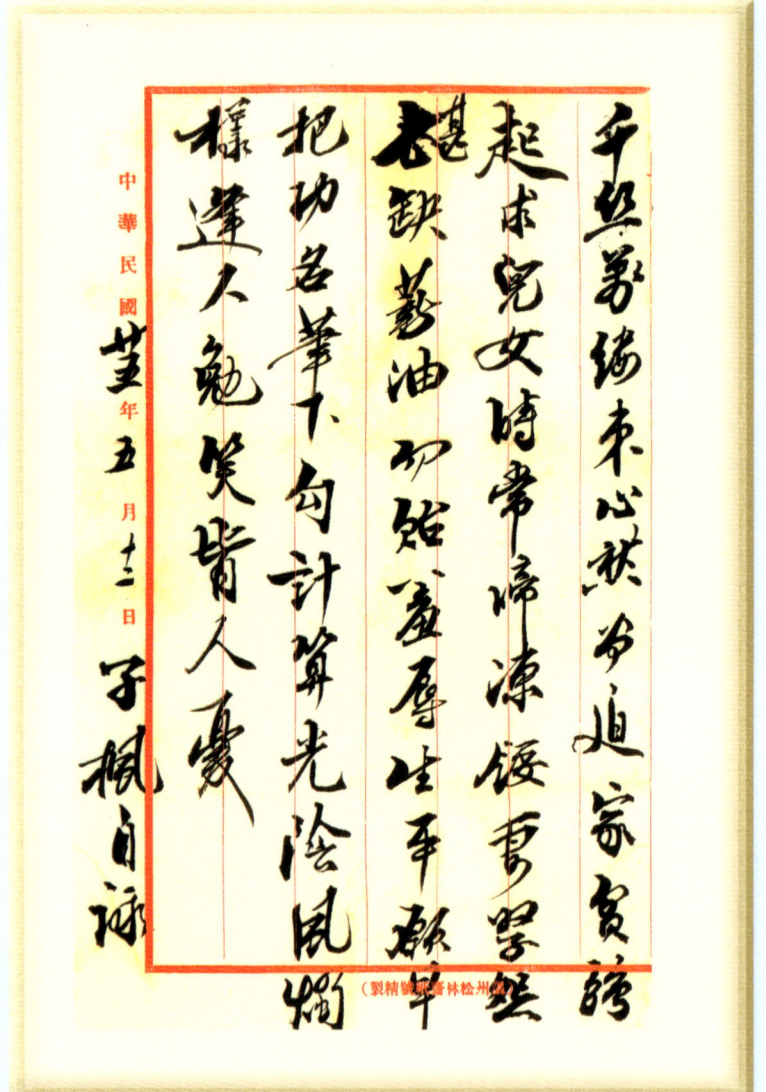

1

1. 1936年5月，戴金星先父戴子枫自咏诗。先父名在仁，号子枫（1881—1952年），终生为乡村小学教师。他在清末科举时取得骄人成绩：光绪乙巳年（1905）（瑞安）县试第2名，府试第4名，院试第20名。但在旧社会，他怀才不遇，乡村小学教师每月只有谷子100斤实物工资，处于"千丝万缕束心愁，为迫家贫强起求，儿女时常啼冻馁，妻孥怨甚缺薪油"的境地。近20年来，戴金星一直向姐姐们与相关亲友寻找父亲的照片，但终未果，这显然与家境长期贫寒有关。所以在此只好以父亲留下唯一一首诗的墨宝代像，深切怀念父亲。一个人无法选择出生家庭和国家的贫富，若你诞生于贫寒的家庭和国度，把贫困的巨大压力转化为无穷的奋进动力就可造福家庭、强大国家

2
3

2. 1960 年 6 月，戴金星先母王二媛女士（1903—1973 年）

3. 1967 年 4 月 23 日，戴金星先母与孙女戴虹（左 4）、长孙戴捷（左 1）和次孙戴峥（左 3）在温州

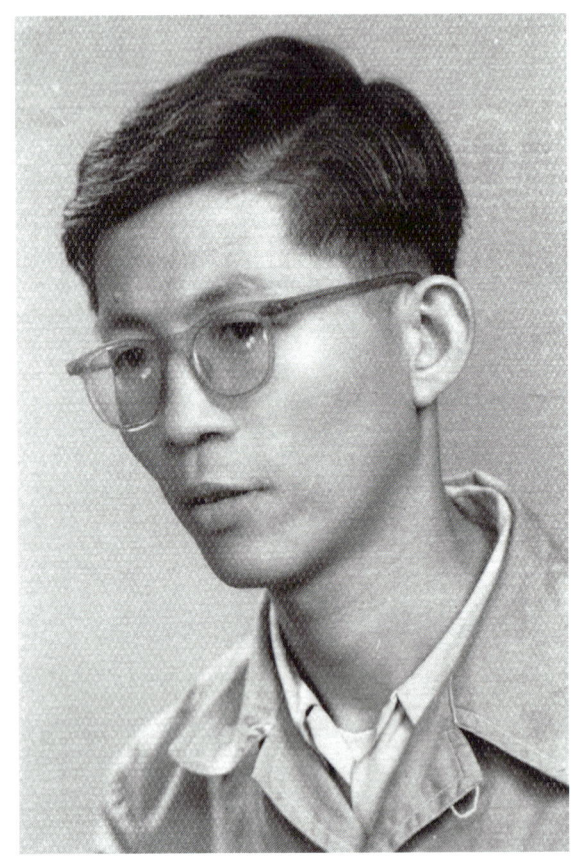

1. 1958 年，戴金星留影

2. 1959 年元旦，戴金星、夏映荷夫妇在温州

3. 1964 年 4 月 21 日，戴金星、夏映荷夫妇合影

4. 1973 年 8 月 19 日，戴金星、夏映荷夫妇和女儿戴虹（后左）、长子戴捷（后右）及次子戴峥（前中）

1 | 2

1. 1973年，夏映荷二伯父"一代词宗"
   夏承焘给戴金星夫妇的题诗手迹

2. 1975年11月19日，戴金星、夏映
   荷夫妇和大姐戴爱珠（后排右1）、
   三姐戴爱花（后排左2）在北京颐
   和园（前排左起：女儿戴虹、次子
   戴峥、长子戴捷）

3. 1977 年 7 月 5 日，与大姐戴爱珠（少华）（前右）、二姐戴爱玉（前左）、三姐戴爱花（后右）在温州。姐姐们对戴金星上学和家庭给予了极大支持和帮助

3

1	4	
2		5
3		

1. 1982 年 11 月 8 日，戴金星夫妇在北京石油勘探开发研究院主楼前

2. 1983 年 4 月，戴金星夫妇在北京钢铁学院校园

3. 1987 年 11 月 26 日，戴金星夫妇在北京

4. 1990 年 4 月 23 日，戴金星夫妇和岳父（左 4）、岳母（左 3）及内弟夏贤铭（左 1）、黄霞兰（左 5）夫妇在温州

5. 1989 年 6 月 1 日，戴金星夫妇和岳母在香港

1		3	
2		4	5

1. 1991 年 8 月 19 日，戴金星和女儿戴虹、长子戴捷、次子戴峥在北京

2. 1991 年 8 月 20 日，戴金星夫妇和长子戴捷夫妇、次子戴峥及孙女戴春景

3. 1992 年 4 月 23 日，戴金星夫妇在浙江普陀百步沙

4. 1992 年 8 月 27 日，戴金星夫妇在北戴河海滨浴场

5. 1993 年 11 月 20 日，戴金星夫妇在三亚天涯海角

1	
	3
2	

1. 1997 年 10 月 9 日，
参观临潼秦始皇兵
马俑坑

2. 1997 年 6 月 6 日，
戴金星夫妇在黄山

3. 2000 年 9 月 14 日，
戴金星夫妇在九寨
沟五彩池

4. 2000 年 11 月 26 日，在印度德里红堡

| 1 | 2 |
| 3 | |

1. 2001年6月12日，戴金星夫妇在巴黎埃菲尔铁塔
2. 2001年6月18日，戴金星夫妇在意大利佛罗伦萨市米开朗基罗广场
3. 2001年6月22日，戴金星夫妇在维也纳金色大厅

戴金星

1	2	3
	4	5

1. 2002 年 6 月 25 日，戴金星夫妇在朝鲜妙香山普贤寺（中间为导游李殷松）

2. 2002 年 7 月 16 日，戴金星夫妇在莫斯科红场圣·瓦西里大教堂

3. 2002 年 7 月 19 日，戴金星夫妇在圣彼得堡夏宫

4. 2002 年 7 月 26 日，戴金星夫妇在丹麦哥本哈根美人鱼雕像前

5. 2002 年 7 月 26 日，戴金星夫妇在丹麦哥本哈根运河畔

1	2	3
	4	

1. 2003 年 10 月 17 日，戴金星和大姐（左 2）、三姐（左 3）及三姐夫（左 4）在温州中山公园

2. 2004 年 3 月 19 日，戴金星、夏映荷按中国男士逢九庆十的风俗，互祝七十华诞

3. 2004 年 7 月 25 日，戴金星夫妇在太原参观"探测二号"卫星发射

4. 2004 年 8 月 7 日，戴金星夫妇在敦煌鸣沙山月牙泉

1. 2005 年 2 月 27 日，戴金星夫妇在澳大利亚悉尼港湾大桥

2. 2005 年 3 月 1 日，戴金星夫妇在布里斯班观赏澳大利亚国宝考拉

3	
	4
5	

3. 2005 年 3 月 3 日，戴金星夫妇在新西兰罗托鲁阿考察世界著名 Pohutu 间歇地热喷泉奇观

4. 2005 年 3 月 3 日，戴金星夫妇在新西兰罗托鲁阿市府公园

5. 2006 年 8 月 2 日，戴金星夫妇参观加拿大渥太华议会大厦

| 1 | 2 | 3 |
| | 4 | |

1. 2005 年 5 月 19 日，戴金星、夏映荷庆祝金婚

2. 2006 年 5 月 26 日，戴金星夫妇在英国爱丁堡

3. 2008 年 9 月 23 日，戴金星夫妇在葡萄牙罗卡角

4. 2006 年 8 月 5 日，戴金星夫妇在加拿大境内欣赏新娘面纱瀑布

CABO DA ROCA
AQUI...
ONDE A TERRA SE ACABA
E O MAR COMEÇA
(CAMÕES)
PONTA MAIS OCIDENTAL DO
CONTINENTE EUROPEU
CAMARA MUNICIPAL DE SINTRA
1979
LATITUDE 38°47 NORTE
LONGITUDE 9°30 OESTE
MEDIO DAS AGUAS

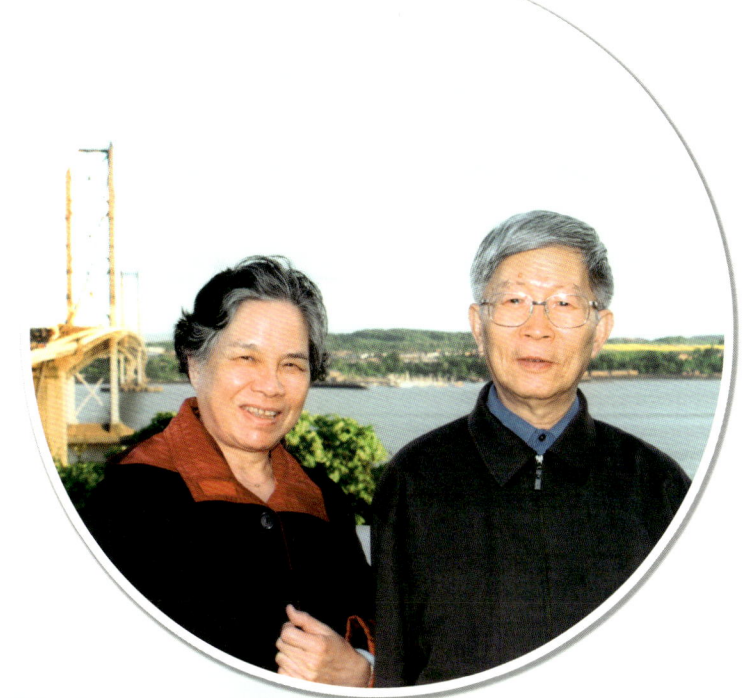

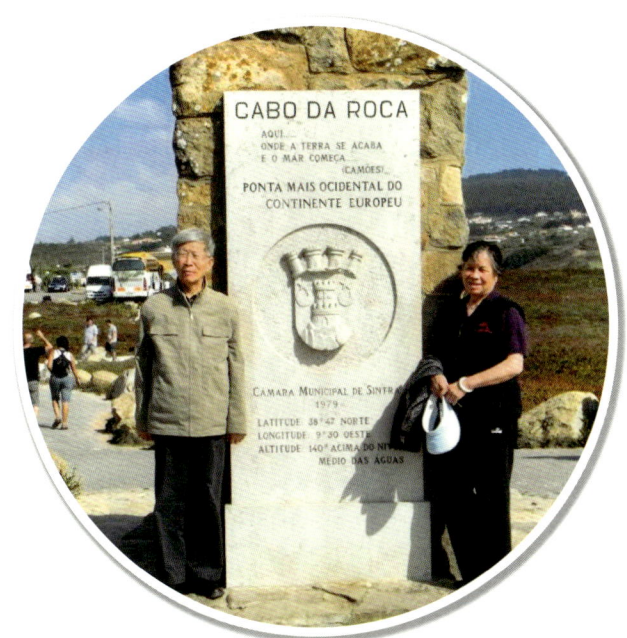

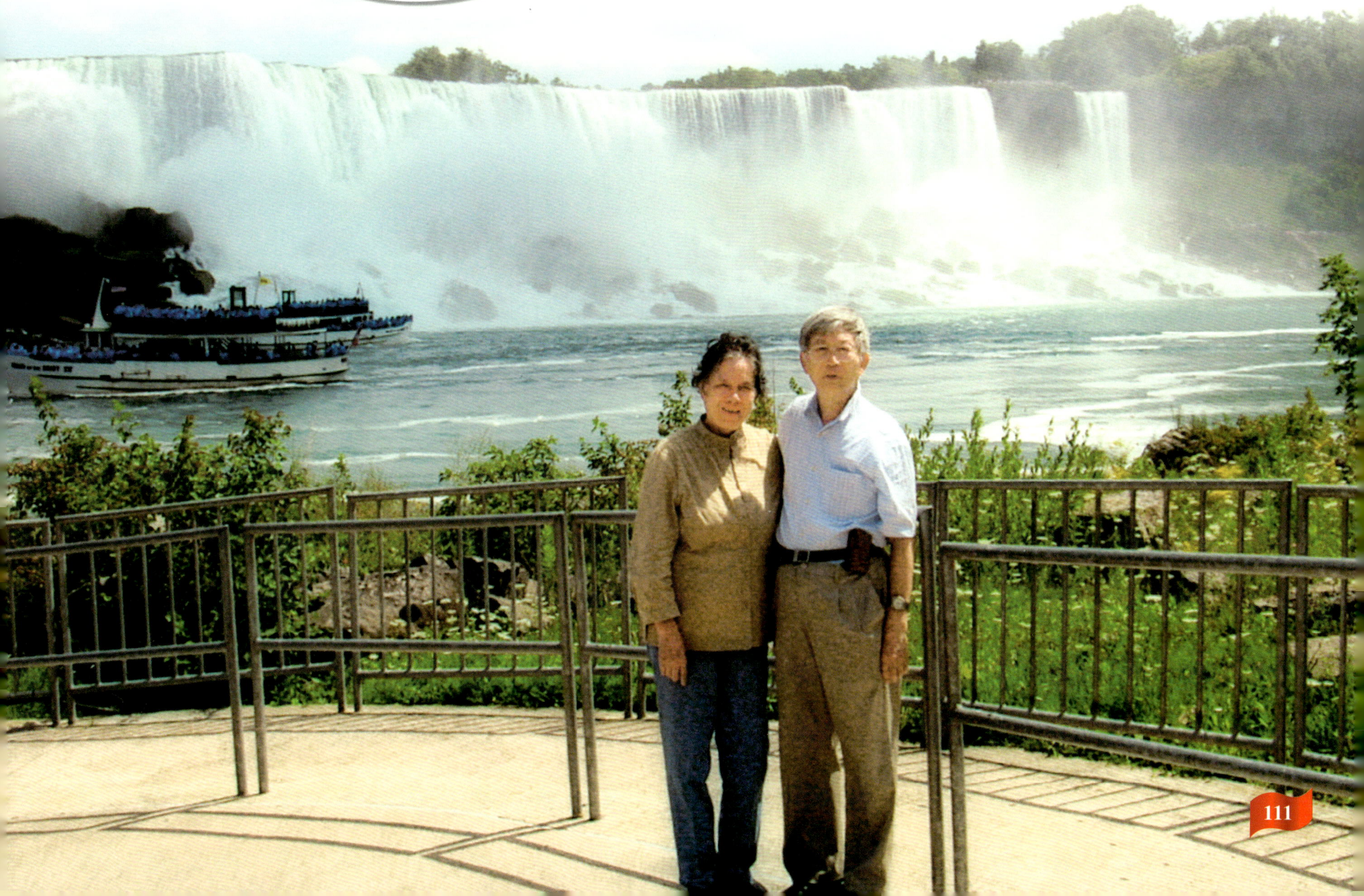

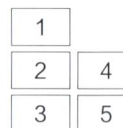

1. 2007 年 5 月 20 日，戴金星夫妇在延安枣园毛泽东旧居

2. 2009 年 2 月 13 日，戴金星夫妇在日月潭

3. 2009 年 2 月 18 日，戴金星夫妇在台北

4. 2011 年 4 月 27 日，戴金星夫妇在绍兴鲁迅故里

5. 2011 年 6 月 4 日，戴金星夫妇在温州江心屿观看二伯父夏承焘的故居画

6

6. 2011 年 7 月 31 日，在加拿大 Halifax

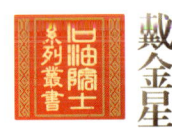

1		3
2		4	5

1. 2011年10月10日，戴金星夫妇同三姐（左2）、外甥（左1）及外甥女（右1）在北京天安门广场

2. 2011年10月10日，戴金星夫妇和三姐在北京国家体育场

3. 2011年10月30日，在瑞士洛桑

4. 2013年4月4日，在温州江心屿

5. 2013年9月5日，参观希腊巴特农神庙

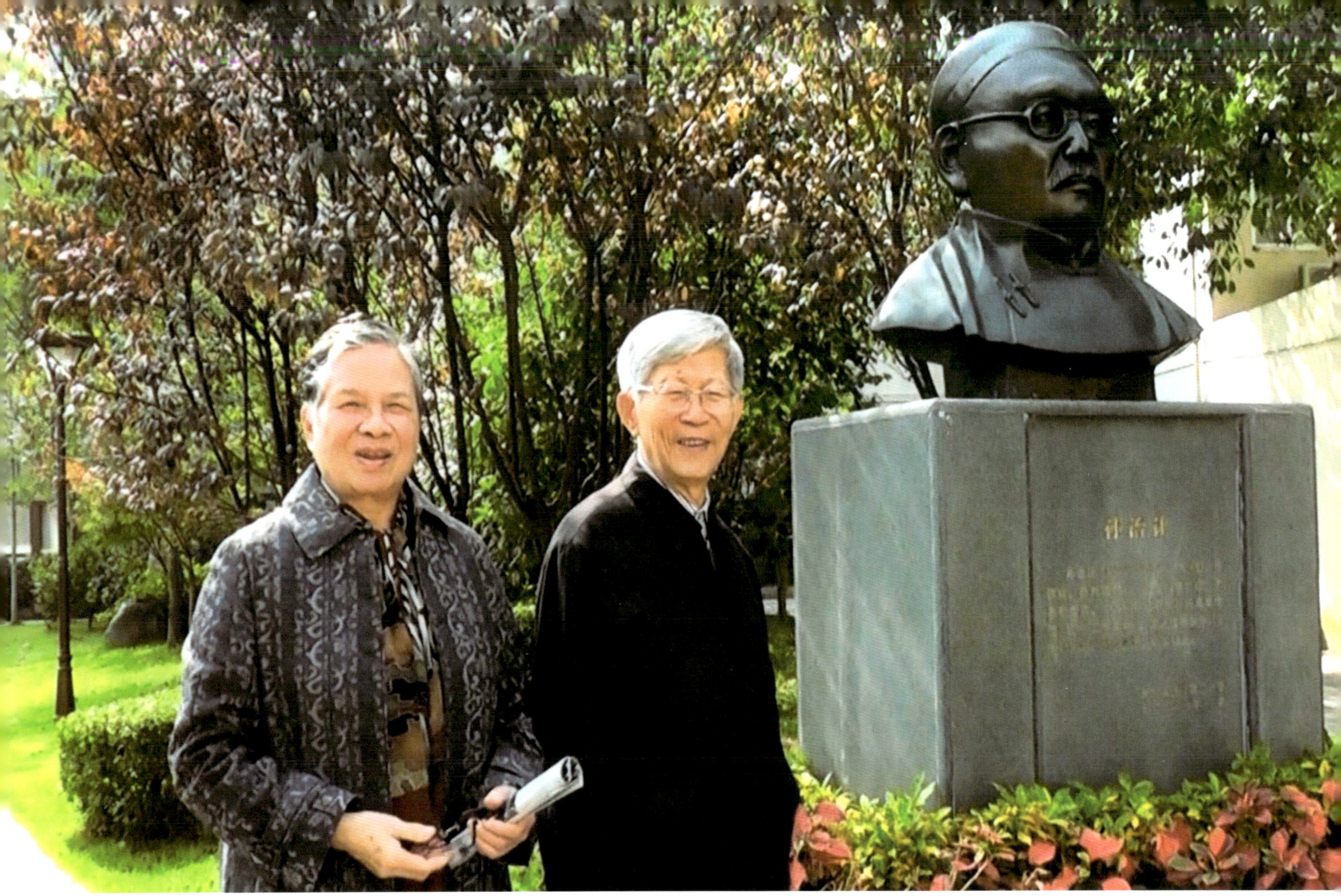

1. 2013 年 10 月 23 日，戴金星夫妇在母校温州二中创始人"启后承前一巨儒"孙诒让铜像旁

2. 2013 年 10 月 23 日，戴金星夫妇和三姐在故乡温州市下川村

3	4
	5

3. 2015 年 3 月，在中国石油勘探
   开发研究院主楼门前

4. 2017 年 10 月 27 日，在温籍院
   士园中与戴金星塑像留影

5. 2017 年 9 月 14 日，戴金星夫
   妇和戴峥在办公室

1	2
	3
	4

1. 1988年5月，与康世恩（左）在四川乐山石油疗养院

2. 1996年2月2日，中国科学院院士新春茶话会戴金星夫妇和王鸿祯（右1）、许志琴（右2）合影

3. 1996年2月4日，与史训知（右）、石宝珩（左）合影

4. 1996年2月4日，戴金星夫妇与石宝珩、姚慧君夫妇及女儿石昕合影

5. 1996 年 4 月 30 日，戴金星夫妇与石宝珩（右2）、陈学亮（右1）在张家界

6. 1996 年 8 月 3 日，和他的院士推荐人徐克勤院士欢聚北京

7. 1998 年 7 月 17 日，在俄罗斯院士 E.M.Galimov 夫妇莫斯科郊区的别墅做客

1	2
	3

1. 1999年2月2日，中国科学院院士新春茶话会周光召（中）和戴金星夫妇

2. 1999年2月2日，中国科学院院长路甬祥（中）和戴金星夫妇

3. 1999年2月2日，戴金星夫妇、侯祥麟夫妇和田在艺夫妇在北京国际会议中心

4	5
6	7

4. 1999 年 9 月 26 日，洞头县大门岛海滨浴场温州二中旗手班同学欢聚（一排左起：周以俊、夏映荷、方小娴、练淑华、张玉琪、严筱琴、陈白桥、温奕松、戴金星；二排左起：林德松、陈铸石；三排左起：虞炳西、管自琨、徐忠平、程耀迪）

5. 2000 年 9 月 13 日，在四川省川主寺镇红军长征纪念碑碑园（左起：时铭显夫妇、田在艺夫妇、李德生夫妇、戴金星夫妇）

6. 2001 年 6 月 16 日，和赵宗鼐（左）在摩纳哥

7. 2006 年 8 月 9 日，戴金星夫妇和加籍华人黎茂稳在加拿大水镇湖国家公园威尔逊饭店

<table>
<tr><td>1</td><td>2</td><td rowspan="2">5</td></tr>
<tr><td>3</td><td>4</td></tr>
</table>

1. 2013年5月29日，在海军收复西沙群岛纪念碑留影（左3为戴金星）

2. 2014年10月10日，戴金星、E.M.Galimov 和邹才能在国家体育场合影

3. 2019年2月7日，戴金星夫妇和马永生（左）相互拜年

4. 2021年4月22日，与高中和大学同学朱安兴（左）60年后相聚

5. 2020年1月17日，离退休干部春节慰问会（左起：马新华、戴金星、李德生、邹才能）

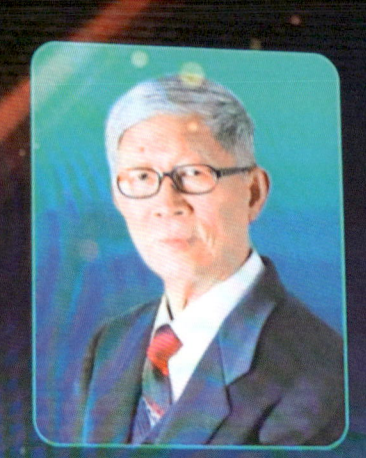

中国品牌70年70人
新中国成立70周年70位品牌人物

戴金星
石油天然气地质学专家、中国科学院院士

神州探 "气"

年度峰会

戴金星热心公益、心系教育，将所得"陈嘉庚科学奖"的百万奖金尽数捐赠，奖金中一半捐赠给巴中革命老区设立助学金，专项用于对家庭经济困难学生和有科技创新精神学生的奖励和资助；另外一半捐赠给自己的母校温州第二高级中学，以此鼓励学子们继续踔厉奋发，笃行不怠。

戴金星自己出资在家乡筹建了全国首家村办地质科普馆——金星科普馆。戴金星就读的瓦市小学、温州二中的校史馆中也保存了他捐赠的大量珍贵化石。在戴金星的多次倡议和推动下，2021年4月，温州地质科普馆建立并对社会公众开放，他也为该馆捐赠了多件化石、标本和书籍。该馆目前已开展百余场，累计受众达6000余中小学生。如今，戴金星计划对金星科普馆进行重建与升级，预计展厅面积将扩至2000平方米，展品数量也将增至1000余件。

2023年12月13日，戴金星向母校南京大学捐赠400万元，成立"南京大学戴夏奖助学金"，支持地质学科发展和人才培养。戴金星的公益活动还在继续，这些活动将会影响更多人。

1. 2003 年 10 月 28 日，在南昌首届中小学科技节做"科学与中国"院士专家巡讲团的油气科普报告

2. 2003 年 10 月 28 日，在南昌首届中小学科技节油气科普报告结束后，中小学学生一拥而上请求签名

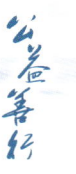

3
4 5

3. 2008 年 11 月 6 日，在"世界温籍院士风采展"开展仪式致词前接受少先队员献花

4. 2014 年 11 月 8 日，戴金星夫妇回家乡下川村受到乡亲热烈欢迎

5. 2014 年 11 月 8 日，戴金星夫妇在下川村与村干部座谈

1. 2015 年 5 月，在"下川旅欧侨胞第四届同乡会"为同乡普及化石知识

2. 2015 年 5 月，向温州第二高级中学捐赠的群鱼地图化石标本

3. 2015 年 5 月，戴金星捐赠的辽西鸟龙化石标本

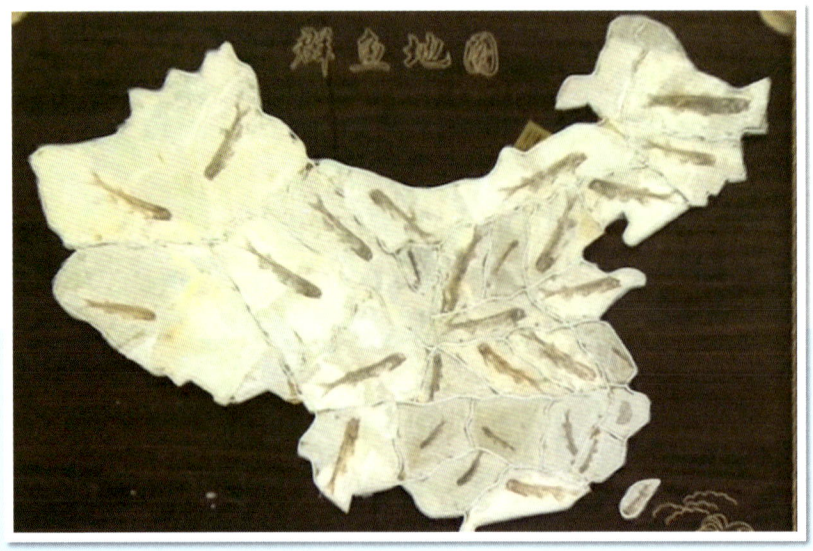

4. 2015 年 5 月，戴金星捐赠的缝线海胆（左）和王冠虫（右）化石标本

5. 2015 年 5 月，戴金星捐赠的鳞齿鱼化石标本

6. 2015 年 5 月，戴金星捐赠的海百合（左）和尖腹菊石（右）化石标本

7. 2015 年 5 月，戴金星捐赠的江汉鱼（左）和锥叶蕨（右）化石标本

1　　2
　　3

1. 2015 年 5 月，在"下川旅欧侨胞第四届同乡会"为同乡普及岩矿知识

2. 2015 年 5 月，戴金星捐赠的矿物标本

3. 2015 年 5 月，戴金星捐赠的自然铜和雄黄矿物标本

4

5

4. 2016 年 9 月 15 日，世界温州人大会，戴金星夫妇与著名歌唱家姜家锵夫妇合影

5. 2017 年 8 月 20 日，接受温州电视台记者戴旻斐采访

弘扬嘉庚精神 办好集美大学

1

2

3

1. 2018 年 10 月 26 日，在厦门集美大学陈嘉庚科学奖报告会，参加的还有厦门大学、华侨大学和厦门理工大学的师生

2. 2018 年 11 月 3 日，邹才能代表戴金星向四川巴中中学捐赠助学金

3. 2023 年 12 月 13 日，南京大学副校长邹亚军向戴金星颁发感谢状，感谢戴金星院士慷慨捐资设立"南京大学戴夏奖助学金"

1. 2019年6月11日，在中南大学陈嘉庚科学奖报告会上作报告
2. 2019年12月18日，"2019（第十四届）品牌年度人物峰会"顾秀莲向获奖者颁奖

3

4

3. 2020 年 9 月 4 日，瑞安市副市长孙寒星（左）赠送戴金星家乡的活字印章，郭三林副书记（右）参加

4. 2021 年 4 月 22 日，戴金星（左 3）等主持温州地质科普馆开馆仪式

1
2 3

1. 2021年4月22日，参观戴金星捐赠母校温州瓦市小学的两条狼鳍鱼化石

2. 2021年4月23日，戴金星夫妇在下川村金星科普馆

3. 2021年4月23日，戴金星捐赠母校温州第二高级中学的鱼化石中国地图和猛犸象牙

4	
5	6

4. 2021 年 6 月 18 日，为北京 101 中学石油分校、北京石油学院附属小学师生作《忆峥嵘岁月 树远大理想》报告

5. 2021 年 4 月 23 日，在下川村金星科普馆

6. 2022 年 1 月 20 日，金星科普馆工作人员向参观学生团介绍馆藏展品

戴金星

| 1 | 2 |

1. 2022年1月20日，下川村金星科普馆迎来的学生参观团

2. 2023年11月9日，温州"小海鸥"儿童科学研究院代表郑凯繁（左1）赴京拜访戴金星（左2为陈耀）

1935 年 3 月 19 日，戴金星出生于浙江省瑞安县白门乡下川村（现属温州市）。

1944 年 9 月—1948 年 8 月，小学就读于瑞安县白门乡下川村小学。

1948 年 9 月—1950 年 8 月，小学就读于温州第九小学（现瓦市小学）。

1950 年 9 月—1956 年 8 月 27 日，中学就读于温州第二中学（现温州第二高级中学）。

1956 年 8 月 31 日—1961 年 9 月 11 日，大学就读于南京大学地质系大地构造专业。

1961 年 7 月 25 日，《宁镇山脉地层中缝合线构造》毕业论文答辩，获南京大学年度优秀论文。

1961 年 9 月 12 日—1962 年 7 月，大学毕业后被分配到石油工业部北京石油科学研究院。

1962 年 8 月—1972 年 5 月，调任至江汉油田勘探处综合研究队和江汉油田三分部。

1972 年 6 月至今，在中国石油规划研究院和中国石油勘探开发研究院从事天然气地质与地球化学研究。

1979 年，在《石油勘探与开发》杂志上发表《成煤作用中形成的天然气和石油》，阐明了煤系成烃以气为主、以油为辅，这是中国第一篇有关煤成气论文，是中国煤成气理论形成的标志。

1980 年，在《石油学报》杂志上发表了《我国煤系地层含气性的初步研究》。

1982 年 1 月 2 日，时任中共中央总书记胡耀邦对戴金星主笔的《煤成气概论》报告，作"印成政治局参阅文件，分送政治局、书记处和副总理、能委各同志"的批示，对国家在 1983 年的《煤成气的开发研究》立项为科技攻关项目起决定性作用。

1983 年 3 月，《煤成气的开发研究》成为国家重点科技攻关项目，戴金星成为主要技术负责人和副项目长。

1986 年 5 月 16 日，获国家"六五"科技攻关先进个人奖。

1987 年 7 月，《中国煤成气的开发研究》获国家科学技术进步奖一等奖（第一贡献者）。

1989 年，石油工业出版社出版戴金星等著《天然气地质学概论》。

1991 年 9 月，获国家"七五"科技论文攻关突出贡献奖。

1991 年 12 月，"我国天然气地球化学特征及其成因类型"获中国石油天然气总公司科学技术进步奖二等奖（为第一贡献者）。

1992 年 10 月，聘评为教授级高级工程师。

1992 年 12 月，石油工业出版社出版戴金星等主编《中国天然气地质学》（卷一）。

1993 年，国务院学位委员会批准戴金星为博士研究生导师。

1994 年 1 月 3 日，获政府特殊津贴。

1995 年 1 月，科学出版社出版戴金星等著《中国东部无机成因气及其气藏形成条件》。

1995 年 10 月，遴选为中国科学院院士。

1996 年 1 月，中国科学技术大学聘任戴金星为兼职教授。

1996 年 6 月，石油工业出版社出版戴金星等主编《中国天然气地质学》（卷二）。

1996 年 10 月 4 日，南京大学聘任戴金星为南京大学兼职教授。

1996 年 12 月，《四川、陕甘宁盆地大气田形成条件、分布规律及勘探技术》获中国石油天然气总公司科技进步奖一等奖（戴金星为第一贡献者）。

1996 年 12 月，《中国东部无机成因天然气藏形成条件》获中国石油天然气总公司和科技进步奖一等奖（戴金星为第一获奖者）。

1997 年 6 月 5 日，浙江大学聘任戴金星为兼职教授。

1997 年 7 月，中国大百科全书出版社出版《Treatise of Natural Gas Geology and Geochemistry in China》。

1997 年 9 月，地质出版社出版戴金星等著《中国大中型天然气田形成条件与分布规律》。

- 1997 年 9 月，石油工业出版社出版戴金星等主编《天然气地质研究新进展》。

- 1997 年 9 月，中国大百科全书出版社出版《戴金星集（院士文集）》。

- 1997 年 10 月，科学出版社出版戴金星等著《中国天然气的聚集区带》。

- 1997 年 12 月，《大中型天然气形成条件、分布规律和勘探技术研究》获国家科学进步奖一等奖（戴金星为第一贡献者）。

- 1998 年 8 月 14—18 日，戴金星参加中科院地学部第九届第二次常委会。

- 1998 年 8 月 25—9 月 1 日，参与国家自然基金地球科学部第十三次评审会。

- 1998 年 9 月 8—20 日，参加中组部第九期党员专家邓小平理论研究班，9 月 20 日结业典礼上胡锦涛接见全体成员。

- 1998 年 10 月 6—9 日，戴金星主持"98 国际煤成烃学术研讨会（南京）"。

- 1998 年 11 月，石油工业出版社出版《戴金星天然气地质和地球化学论文集》（卷一）。

- 1999 年 11 月 1 日，在人民大会堂参加中国科学院建院 50 周年座谈会，朱镕基总理讲话。

- 2000 年 4 月 12—16 日，参加塔里木油田 2000 年勘探技术座谈会，戴金星作了《煤成气是"西气东输"主力气源，库车坳陷是探明 1 万亿立方米的主力地区》报告。

- 2000 年 10 月，石油工业出版社出版《戴金星天然气地质和地球化学论文集》（卷二）。

- 2000 年 11 月，石油工业出版社出版戴金星等主编《煤成烃国际学术研讨会论文集》。

- 2000 年 12 月 11—15 日，在中国石油天然气股份公司首届勘探技术座谈会上，作《中国天然气勘探开发的若干问题》报告。

- 2000 年 12 月，石油工业出版社出版戴金星等《中国煤成大中型气田地质基础和主控因素》。

- 2001 年 2 月 28 日，政协第九届全国委员会委员。

- 2001 年 3 月 3—12 日，参加政协第九届四次会议，戴金星提交了"关于'十五'加速我国天然气开发力度，提高产量的建议"提案。

2001 年 4 月 2 日，中央电视台东方时空栏目播出戴金星"神州争气人"节目。

2001 年 7 月 13 日，中国石油勘探专业评委会，评国家科技攻关"中国大中型气田勘探开发研究"项目为特等奖。

2001 年 9 月 20 日，戴金星获 2001 年度何梁何利基金科学与技术进步奖。

2001 年 11 月，石油工业出版社出版戴金星等《我国煤系的气油地球化学特征、煤成气藏形成条件及资源评价》。

2002 年 1 月 11—12 日，参加北京市科协第六次代表大会，并任常委。

2002 年 3 月 13 日，参加全国政协第九届第五次会议。

2002 年 3 月，石油工业出版社出版《戴金星天然气地质和地球化学论文集》（卷三）。

2002 年 5 月 20 日，参加庆贺南京大学建校 100 周年大会。

2002 年 11 月 25 日，被聘任为《天然气地球科学》编委会主任和主编。

2003 年 3 月，在北京饭店参加由时任浙江省委书记习近平主持的"浙江省经济社会发展情况恳谈会"。

2003 年 9 月 19 日，被聘任为浙江大学地球科学系主任。

2003 年 9 月，科学出版社出版戴金星等著《中国大气田及其气源》。

2003 年 10 月 11—13 日，参加首届世界温州人大会。

2003 年 10 月 28 日，参加中国科技部、中国科协等组织的《科技和中国》院士巡回演讲团，在南昌市作《油气和中国》报告。

2004 年 1 月 4 日，温家宝总理对由戴金星主笔的《关于科学安全勘探开发高硫化氢天然气田的有关情况及建议》批示。

2004 年 6 月 10 日，《石油勘探与开发》第六届编委会成立，戴金星任主编。

2005 年 6 月 3 日，在人民大会堂参加中国科学院学部成立 50 周年召开"走中国特色自主创新之路"座谈会，胡锦涛总书记作重要讲话。

2005 年 7 月 5 日，澳籍博士生林斌（Benjamin F.Mclea）论文答辩通过，为优秀论文。林斌也是中国石油勘探开发研究院第一个外籍博士。

2005 年 7 月，石油工业出版社出版《戴金星天然气地质和地球化学论文集》（卷四）。

2005 年 3 月，石油工业出版社出版戴金星等《华北盆地南缘寒武系烃源岩》。

2007 年 3 月 15 日，参加徐克勤院士诞辰 100 周年纪念活动和徐克勤院士铜像揭幕仪式。

2007 年 10 月 26 日，参加母校温州二中建校 110 周年，应邀作"为祖国争气"报告。

2008 年 3 月 10 日，受 Galimov 院士邀请去莫斯科俄罗斯科学院 V. I .Vernadsky 地球化学与分析化学研究所参加 Vernadsky 143 年华诞报告会。

2008 年 4 月 27 日，参加《中国柴达木盆地资源环境科学钻探工程》开工典礼。

2008 年 8 月 8 日，参加第 29 届奥林匹克运动会开幕式；8 月 24 日参加闭幕式。

2008 年 10 月 24 日，参加中国石油勘探开发研究院建院 50 周年院长论坛，作"中国大气田形成主控地质条件的定量研究及其意义"报告。

2008 年 11 月 6 日，为"世界温州籍院士风采展"开幕剪彩并致辞。

2009 年 6 月 23 日，《石油勘探与开发》第 3 期出版"中国煤成气研究 30 年专辑"。

2009 年 10 月 1 日，参加国庆阅兵游行观礼，晚上观看国庆晚会。

2010 年 5 月 14 日，申报"中国天然气成因类型及鉴别"获国家自然科学二等奖。

2011 年 1 月 8 日，《天然气地球科学》第六届编委会成立，任编委会主任和主编。

2011 年 2 月 16 日，陈嘉庚科学基金会聘任为陈嘉庚地球科学奖第四届评奖委员会评委。

2011 年 5 月 18 日，任 2011 年度国家科技进步奖和发明奖的油气工程组评委。

2011 年 7 月 20—21 日，任 2010 年度国家能源科技进步奖评委。

2011 年 11 月 26 日，当选为国际欧亚科学院院士。

2011 年 12 月 22 日，在中国石油学会第八次代表大会上，当选为常务理事。

2012 年 5 月 18—20 日，参加母校南京大学建校 110 周年庆典，并在"能源科学高峰论坛"会议上作"我国致密砂岩气勘探开发的重要意义"报告。

2012 年 10 月 12 日，参加母校温州市瓦市小学 100 周年校庆。

2013 年 12 月 17—23 日，考察涪陵、长宁、威远页岩气田。

2014 年 4 月 26 日，在母校南京大学参加"板块构造理论学术研讨会"暨郭令智院士百年华诞庆祝会。

2014 年 5 月，科学出版社出版戴金星等著《中国煤成大气田及气源》。

2014 年 5 月 20 日，《中国科学报》发表"中国天然气之父与天然气工业发展——记中国科学院院士戴金星"。

2014 年 8 月 11—13 日，在靖边气田、陕参 1 井、苏里格气田、榆林气田气和延安气田调研、参观和取气样。

2014 年 10 月 8—12 日，邀请俄罗斯科学院院士 Galimov 夫妇来我院访问讲学和座谈。

2014 年 10 月 20—24 日，考察涪陵气田、长宁气田和黄金坝地区和威远页岩气田并取样。

2014 年 11 月 8 日，冯彬开车从北京送 242 件化石、矿物等去下川村，准备在村上办地质科普馆，受到温州瓯海区、丽岙街道和村长热烈欢迎。

2014 年 12 月 8 日，参加温州市鹿城建区 30 周年"影响鹿城 30 事"和"鹿城骄傲 30 人"揭晓仪式，揭晓鹿城杰出人物为赵超豪、戴金星、陈式钢、李启虎和张超然。

2014 年 12 月 23 日，交存 11 篇论文底稿、24 部专著等给浙江省档案馆俞桂忠。

- 2015 年 11 月，在科学出版社出版《戴金星文集 . 天然气地质学——卷一》《戴金星文集 . 天然气地质学——卷二》《戴金星文集 . 天然气地球化学——卷三》。

- 2016 年 4 月 13 日，在浙江大学地球科学学院做"争当学术精学风仁的院士"报告。

- 2017 年 3 月，戴金星向浙江省档案馆捐赠了多年珍藏的贺年片。其中包括：习近平同志赠与的贺年片，中国人民政治协商会议全国委员会赠与的贺年片，郭令智、涂光炽等 43 位两院院士分别赠与的贺年片。

- 2017 年 12 月 20 日，参加母校温州第二中学 120 周年校庆，向母校捐赠化石、岩矿 196 件。

- 2018 年 5 月 28—6 月 1 日，参加中国科学院第十九次院士大会，获陈嘉庚地球科学奖。

- 2018 年 8 月 13 日，正式退休，工作了 57 年。

- 2018 年 9 月 20—21 日，在中国科技大学参加首届《嘉庚论坛》。

- 2018 年 10 月 11 日，向世界温州人博物馆赠送专著 24 册。

- 2018 年 10 月 26 日，为"陈嘉庚科学奖报告会暨 2018 年嘉庚论坛"作"勤勤奋奋争当学术精学风仁的人"报告。

- 2019 年 4 月 10 日，参加塔里木油田会战 30 周年总结表彰大会。

- 2019 年 4 月 22 日，与夏映荷一起赠浙江省档案馆沈尹默、张宗禅和夏承焘书法 9 件。

- 2019 年 6 月 11 日，在中南大学陈嘉庚科学奖报告会上，作"勤勤奋奋争当学术精学风仁的人"报告。

- 2019 年 10 月 1 日，参加庆祝中华人民共和国成立 70 周年庆祝大会及晚上联欢活动。

- 2019 年 11 月 25 日，向故乡下川村捐赠专著 28 册；化石、岩石与矿物类科普图书 16 册；《文明》和《孤独星球》杂志 33 本。

- 2019 年 12 月 18 日，参加"2019（第十四届）品牌年度人物峰会"，获"中国品牌 70 年 70 人奖"和"2019 中国十大品牌年度人物奖"。

2020 年 7 月 29 日，石油工业出版社出版戴金星等著《中国非常规天然气地球化学文集》。

2020 年 10 月 17 日，科学出版社出版《戴金星文集》（卷五）。

2020 年 11 月 14 日，参加第 23 次国际欧亚科学院院士大会暨院士选举。

2021 年 1 月 12 日，参加"中国石油勘探开发研究院'十四五'发展院士专家咨询研讨会"，作"中国'十四五'是天然气工业大发展期"发言。

2021 年 4 月 11 日，参加石油工业出版社出版的《中国石油地质志》（修编）验收会。

2021 年 4 月 22 日，参加温州地质科普馆开馆庆典。

2021 年 4 月 30 日，购两件海百合大化石，分别赠送温州地质科普馆和金星科普馆。

2021 年 5 月 28—31 日，参加中国科学院第二十次院士大会，29 日获陈嘉庚地球科学奖状和奖章。

2021 年 6 月 3—5 日，在宁波主持"第四届天然气地球科学论坛会议"。

2021 年 6 月 18 日，中国石油勘探开发研究院"传承石油精神，立志科技报国"会上作"忆峥嵘岁月，树远大理想"报告。

2021 年 10 月 20 日，在贵阳市参加戴金星首个"贵州能源产业研究院有限公司页岩气院士工作站"揭牌仪式。

2022 年 8 月 10 日，戴金星主编 2024 年版《中国大气田及气源》项目，中国石油天然气集团有限公司批准立项。

2023 年 11 月 9 日，温州"小海鸥"儿童科学研究院代表访问戴金星院士。

2023 年 12 月 13 日，出席在中国石油勘探开发研究院举行的"戴金星院士向南京大学捐赠签约仪式"。